Colección

Las personas con discapacidad residentes en el medio rural

Colección

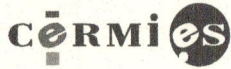

NÚMERO: 91

DIRECTOR: Luis Cayo Pérez Bueno

Elaborado con el apoyo de:

PRIMERA EDICIÓN: junio, 2025

© DEL TEXTO: CERMI, 2025
© DE ESTA EDICIÓN: CERMI, 2025
© ILUSTRACIÓN DE CUBIERTA: David de la Fuente Coello, 2025

DISEÑO DE LA COLECCIÓN:
Juan Vidaurre

PRODUCCIÓN EDITORIAL,
COORDINACIÓN TÉCNICA
E IMPRESIÓN:
Grupo Editorial Cinca, S.A.
c/ General Ibáñez Íbero, 5A
28003 Madrid
Tel.: 91 553 22 72.
grupoeditorial@edicionescinca.com
www.edicionescinca.com

DEPÓSITO LEGAL: M-12535-2025
ISBN: 978-84-10167-57-5

El PDF accesible y el EPUB de esta obra están disponibles a través del siguiente código QR:

Las personas con discapacidad residentes en el medio rural

Situación y propuestas de acción
2025

Informe realizado por Martha Yolanda Quezada García, con la colaboración de Carmen Esteban Álvarez por encargo y bajo las orientaciones y directrices del Comité Español de Representantes de Personas con Discapacidad (CERMI)

ÍNDICE

1. INTRODUCCIÓN

El entorno rural presenta una serie de factores que, en comparación con las áreas urbanas, dificultan el acceso de sus habitantes a los servicios fundamentales que les corresponden como parte de la ciudadanía. Estas dificultades están estrechamente vinculadas y, en ocasiones, se refuerzan mutuamente con fenómenos como la despoblación, la inestabilidad laboral, la escasez de infraestructuras y servicios, la disminución de vínculos familiares y afectivos, así como diferentes formas de aislamiento. Todos estos elementos contribuyen a situaciones de exclusión social que afectan especialmente a las personas con discapacidad, aumentando su vulnerabilidad en estos entornos.

Existe acuerdo sobre que la intersección de la discapacidad y la ruralidad suponen un mayor riesgo de vulnerabilidad y discriminación. Sin embargo, tan solo determinadas estrategias de política pública recientes, que se sitúan en el apartado del contexto normativo, abordan de manera combinada y específica esta realidad. Lo que supone un reto por seguir por la novedad de estas propuestas y su soporte financiero, así como una oportunidad que requiere compromiso efectivo para su concreción. Las personas con discapacidad y sus familias a través de su movimiento asociativo vienen reivindicado desde hace tiempo una estrategia estatal de desarrollo rural inclusivo que fomente la participación, el acceso a derechos y el bienestar social de las personas con discapacidad en entornos rurales.

El presente informe, promovido por el CERMI Estatal, con el apoyo del CERMI La Rioja, tiene como propósito contribuir al análisis de la situación y necesidades de las personas con discapacidad que residen en el medio rural. A partir de este análisis se ofrecen una serie de propuestas de acción que permitan, por un lado, abordar los desafíos detectados y por otro, potenciar aquellas cuestiones que facilitan el desarrollo vital de las personas con discapacidad en el entorno rural, con el fin último de facilitar el acierto en la toma de decisiones y el diseño de políticas públicas para la mejora en las condiciones de vida de este grupo humano.

Este informe ha servido como material orientador de los debates y conclusiones de la Convención CERMI Rural, que bajo el lema *Desarrollo humano de las personas con discapacidad en el medio rural* fue organizada en Logroño, La Rioja, los días 3 y 4 de julio de 2025, promovida por el CERMI Estatal y el CERMI La Rioja para la que se contó con el apoyo del Gobierno de La Rioja.

2. METODOLOGÍA

Este informe parte de una revisión del conocimiento disponible sobre las personas con discapacidad en el medio rural. A través de un análisis bibliográfico y normativo, se exploran aspectos relacionados con la discapacidad y el entorno rural con el propósito de recoger información relevante sobre esta realidad, sus características, así como las demandas, necesidades y oportunidades o medidas de que precisa esta población.

Por otra parte, se ha llevado a cabo un análisis estadístico basado en dos fuentes fundamentales:

La *Encuesta sobre Discapacidad, Autonomía personal y situaciones de Dependencia* (EDAD), 2020 (INE, 2022). La EDAD 2020 está diseñada para estimar el número de personas con discapacidad que viven en hogares tanto a escala nacional como de Comunidad Autónoma, sus rasgos demográficos, así como conocer los distintos tipos de limitaciones en la actividad, así como su severidad. Investiga la utilización o necesidad de ayudas técnicas o personales para superar la limitación. Además, proporciona información sobre el estado de salud de las personas con discapacidad, aspectos del ámbito laboral, educativo, accesibilidad en movilidad, accesibilidad tecnológica, prestaciones sociales y económicas. La muestra asciende, aproximadamente, a 67 500 viviendas.

La operación estadística *El Empleo de las Personas con Discapacidad* (EPD) 2023, utiliza la información derivada de una integración de los datos estadísticos proporcionados por la Encuesta de Población Activa (EPA) con los administrativos registrados en la Base de Datos Estatal de Personas con Discapacidad (BEPD). Todos los resultados se refieren a la población de edades comprendidas entre 16 y 64 años.

El propósito de este análisis estadístico consiste en conocer la magnitud y el perfil sociodemográfico de las personas con discapacidad en el medio rural.

3. MARCO CONCEPTUAL Y NORMATIVO

Con vistas a situar el enfoque y comprensión del presente estudio se plantean dos conceptos clave: ruralidad y discapacidad. Asimismo, se apuntan las principales referencias del contexto normativo.

3.1. Conceptos clave: ruralidad y discapacidad

3.1.1. Ruralidad

Existen distintos criterios para definir el medio rural, basados fundamentalmente en tamaño poblacional, la distribución poblacional, la actividad económica dominante, y el entorno natural (Reig *et al.*, 2016).

Para empezar, determinadas definiciones identifican lo rural desde un enfoque relacionado con la **actividad**, como ocurre con la Real Academia Española (RAE) que define rural como aquello «*perteneciente o relativo a la vida del campo y a sus labores*».

Desde un punto de vista **estadístico**, existe un criterio compartido entre la OCDE y la Unión Europea que define el medio rural según la densidad de población en un territorio, ya sea en términos absolutos (número de habitantes de los municipios) como relativos (número de habitantes en relación con el espacio). En España, el Instituto Nacional de Estadística utiliza el tamaño poblacional, considerando municipios urbanos los que tienen más de 10 000 habitantes, y como municipios rurales aquellos por debajo de ese umbral; en ocasiones se emplea en estos últimos una subdivisión entre municipios intermedios (los que tienen entre 2 000 y 10 000 habitantes) y municipios pequeños (los que tienen menos de 2 000 habitantes).

En este sentido, en 2021, la Comisión Europea publicó el documento «Aplicación del grado de urbanización: manual metodológico para definir ciudades, localidades (o pueblos) y zonas rurales para comparaciones internacionales». El objetivo del Manual consistió en desarrollar una metodología armonizada para facilitar comparaciones estadísticas internacionales y clasificar los territorios según un continuo urbano-rural. En su elaboración han colaborado, además de la Comisión Europea, la Organización de las Naciones Unidas para la Alimentación y la Agricultura (FAO), el Programa de las Naciones Unidas para los Asentamientos Humanos (ONU-Hábitat), la Organización Internacional del Trabajo (OIT), la Organización para la Cooperación y el Desarrollo Económicos (OCDE) y el Banco Mundial (Comisión Europea *et al.*, 2021). Este método, basado principalmente en la densidad poblacional, distingue tres zonas:

Zonas densamente pobladas (ciudades): Áreas con una alta concentración de población y un entorno urbano muy desarrollado. Tienen una densidad de población superior a 1 500 habitantes por kilómetro cuadrado y un total de al menos 50 000 habitantes.

Zonas de densidad intermedia (suburbios o localidades): Estas áreas incluyen suburbios o pueblos donde la densidad de población es moderada. Generalmente tienen entre 300 y 1 500 habitantes por kilómetro cuadrado, con una población mínima de 5 000 habitantes.

Zonas escasamente pobladas (rurales): Áreas con una baja densidad de población, típicamente inferior a 300 habitantes por kilómetro cuadrado. Predominan en entornos rurales, con menos desarrollo urbano y servicios.

A su vez, estas tres zonas, tienen un segundo nivel de clasificación para reflejar la jerarquía completa de asentamientos grandes, medianos y pequeños o, en términos más sencillos, ciudades, localidades y aldeas (Eurostat, 2020, p. 49). En el caso de las zonas rurales, en este segundo nivel, se dividirían en tres subclases: aldeas; zonas rurales dispersas y zonas mayoritariamente deshabitadas.

La Ley 45/2007, de 13 diciembre, para el Desarrollo Sostenible del medio rural (LDSMR) define el medio rural como *el espacio geográfico formado por la agregación de municipios o entidades locales menores definido por las administraciones competentes que posean una población inferior a 30.000 habitantes y una densidad inferior a los 100 habitantes por km^2*. Define también la zona rural como «*el ámbito de aplicación de las medidas derivadas del Programa de Desarrollo Rural Sostenible regulado por esta ley, de amplitud comarcal o sub-provincial, delimitado y calificado por la Comunidad Autónoma competente*».

Por otro lado, la LDSMR distingue tres tipos de zonas: por revitalizar, intermedias y periurbanas, de acuerdo con la densidad poblacional, la actividad económica predominante, los niveles de renta y la ubicación geográfica. Las zonas rurales que revitalizar, caracterizadas por baja densidad de población, alta dependencia de la actividad agraria, bajos niveles de renta y aislamiento geográfico junto con las áreas integradas en la Red Natura 2000 y los municipios rurales de pequeño tamaño, con menos de 5 000 habitantes, integrados en zonas rurales intermedias o periurbanas constituyen las zonas de aplicación preferente de las medidas que contempla la ley.

En 2020, el 15,9 % de la población española estaba censada en municipios rurales (7 538 929 personas). Estos municipios suponen el 82,0 % del total y ocupan el 84,0 % de la superficie española. Los municipios rurales con menos de 5 000 habitantes son los más numerosos en España, representan el 78,1 % del total y ocupan el 69,3 % del territorio. Sin embargo, solo el 9,4 % de la población española reside en ellos. Entre 2011-2020 la población rural ha disminuido un 7,1 % mientras que los municipios urbanos aumentaron su población en 2,1 % en este mismo período (Ministerio de Agricultura, Pesca y Alimentación, 2021). Se observa una estructura poblacional desigual con menor peso de las edades infantiles y jóvenes y mayor de las edades más avanzadas, así como en su composición por sexo en las edades intermedias, muy masculinizadas (CES, 2021).

Desde mediados del siglo XX, España ha experimentado un intenso proceso de despoblación rural, que ha cobrado relevancia en la agenda pública en la última década. Este fenómeno ha sido impulsado por la migración hacia áreas urbanas y el crecimiento natural negativo en las zonas rurales. El crecimiento económico y la industrialización han impulsado la migración de la población rural hacia las ciudades en busca de mejores oportunidades laborales. Además, la brecha en el acceso a servicios públicos entre áreas rurales y urbanas ha contribuido a este fenómeno. Desde 2017, se han desplegado diversas políticas y estrategias para abordar el reto demográfico y la despoblación rural en España. Sin embargo, la efectividad de estas políticas ha sido limitada y ha variado según las comunidades autónomas. (Pinilla, 2023).

3.1.2. Discapacidad

La Convención Internacional sobre los derechos de las personas con discapacidad reconoce que **la discapacidad es un concepto que evoluciona** y que **resulta de la interacción entre las personas** con deficiencias **y las barreras debidas a la actitud y al entorno** que evitan su participación plena y efectiva en la sociedad, en igualdad de condiciones con las demás. Esta evolución en el concepto de discapacidad se puede resumir en tres grandes paradigmas (Palacios, 2008):

El paradigma tradicional, del sometimiento o de la marginación. La explicación de la condición de discapacidad se relaciona con elementos míticos. Las respuestas sociales se dirigen a ocultar (o suprimir) algo que se percibe como una desviación indeseada. Las personas con discapacidad se encuentran aisladas y en una posición de marginación, inferioridad y rechazo.

El paradigma médico o de la rehabilitación. La explicación sobre la condición de discapacidad se relaciona con elementos biológicos y el problema se centra en las deficiencias y dificultades del individuo. Las respuestas sociales se basan en la rehabilitación. Las personas con discapacidad son objeto pasivo de actuaciones tecnificadas, que se programan sin tener en cuenta sus preferencias y deseos.

El paradigma social, de la autonomía personal o de la vida independiente. La explicación de la condición de discapacidad tiene que ver con elementos relacionales, y el problema se ubica dentro de la sociedad, en vez de dentro del individuo. Las respuestas sociales persiguen la equiparación de oportunidades, la no discriminación y la remoción de las barreras que limitan la participación. Se enfatiza la importancia de la participación plena de las personas con discapacidad en la educación, en el empleo y en la vida ciudadana. Las personas con discapacidad son sujetos de derechos.

El modelo social de la discapacidad enfoca la cuestión desde el punto de vista de la inclusión de las personas con discapacidad en la sociedad, considerando que la discapacidad no es un atributo de la persona, sino el resultado de un complejo conjunto de condiciones, muchas de las cuales están originadas o agravadas por el entorno social (Jiménez, 2007: 178), por lo que la respuesta ha de darse en todos aquellos ámbitos en los que existan elementos de discriminación hacia las personas con discapacidad.

En 2001, la Asamblea de la **Organización Mundial de la Salud** (OMS) aprobó la «Clasificación Internacional del Funcionamiento, de la Discapacidad y de la Salud» (CIF). Se trata del estándar vigente que supone la integración de la perspectiva médica y social. De acuerdo con la CIF, el funcionamiento y la discapacidad de una persona se determinan como una «*interacción dinámica entre los estados de salud (enfermedades, trastornos, lesiones, traumas, etc.) y los factores contextuales*» (OMS, 2001: 6). Diferencia tres niveles en la discapacidad: 1. **Corporal**: «deficiencia» al nivel de la estructura o las funciones corporales. 2. **Individual**: limitaciones de las **actividades** (ver, oír, caminar, etc.) al nivel de la persona y 3. **Social**: restricciones en la participación en distintos ámbitos, como el empleo, la formación, etc., en un contexto social.

Por su parte, los **factores contextuales** abarcan tanto el entorno (**factores ambientales**), como los «**factores personales**». En cuanto a los factores ambientales, estos pueden influir positiva o negativamente en las capacidades de una persona para realizar diversas actividades y participar en la sociedad, desde tareas básicas como la higiene y el desplazamiento hasta otras más complejas como la comunicación y el empleo. **El entorno (social, fisco, cultural) puede actuar como un facilitador o, por el contrario, presentar obstáculos de diferente naturaleza**. El entorno incluye aspectos como la accesibilidad, la disponibilidad de productos de apoyo, el respaldo institucional y las actitudes sociales. Por otro lado, los **factores personales** incluyen características individuales como el sexo, la raza, la edad, el estilo de vida, los hábitos, las estrategias de afrontamiento y la educación. Estos elementos pueden tener una repercusión en la salud y el bienestar de cada individuo.

3.2. Contexto político normativo

La **Convención Internacional sobre los derechos de las personas con discapacidad** (CDPD) fija especial interés en las personas que viven en zonas rurales en tres de sus artículos: en el **artículo 9**, sobre accesibilidad universal, en el que se establece que los Estados Partes adoptarán medidas pertinentes para asegurar el acceso de las personas con discapacidad, en igualdad de condiciones con las demás, al entorno físico, el transporte, la información y las comunicaciones. Los **artículos 25 y 26** en los que se trata acerca del derecho a la salud, a la habilitación y rehabilitación y el acceso de las personas con discapacidad a servicios de salud, la promoción de programas que faciliten la independencia y participación social, acercando estos servicios a las personas con discapacidad en sus propias comunidades, incluyendo las zonas rurales.

La **Ley General de derechos de las personas con discapacidad y de su inclusión social** (Real Decreto Legislativo 1/2013, de 29 de noviembre) hace referencia a la ruralidad en varios de sus artículos. Dicha ley establecen medidas específicas para la prevención de deficiencias y de intensificación de discapacidades en zonas rurales (artículo 11) y se garantiza una atención integral mediante la coordinación de servicios esenciales en salud, empleo, educación y los servicios sociales para garantizar a las personas con discapacidad una oferta de servicios y programas próxima, en el entorno en el que se desarrolle su vida, suficiente y diversificada, tanto en zonas rurales como urbanas (artículo 13). Se enfatiza el derecho a la accesibilidad universal en entornos físicos y tecnológicos, tanto urbanos como rurales (artículo 22).

La ley también establece que la prestación de los servicios sociales respetará al máximo la permanencia de las personas con discapacidad en su medio familiar y en su entorno geográfico, teniendo en cuenta las barreras específicas de quienes habiten en zonas rurales (artículo 49). Por otro lado, se promueven medidas de acción positiva para personas con mayor riesgo de exclusión social, incluyendo aquellas que viven en zonas rurales (artículo 67), asegurando ayudas y subvenciones que favorezcan la igualdad de oportunidades (artículo 68).

La **Ley 45/2007, de 13 de diciembre, para el desarrollo sostenible del medio rural** tiene por objeto regular y establecer medidas para favorecer el logro de un desarrollo sostenible del medio rural, mediante la acción de la Administración General del Estado y la concertada con las demás Administraciones Públicas. En relación con las personas con discapacidad, la ley sitúa entre sus objetivos el de **garantizar el derecho a que los servicios en el medio rural sean accesibles** (artículo 2.2.h).

Por otro lado, esta ley contempla como destinatarios prioritarios, entre otros grupos, a las personas con discapacidad en los ámbitos de la atención social (artículo 7); la creación y el mantenimiento del empleo (artículo 22) y la educación (artículo 28). Se contemplan también iniciativas que busquen la mejora del **transporte público** y el **acceso a servicios básicos en igualdad de condiciones** (artículo 23); garantizar el **acceso equitativo a prestaciones y servicios sociales**, especialmente en el marco del Sistema para la Autonomía y Atención a la Dependencia (artículo 32); el fomento de la formación y el uso de **tecnologías de la información y la comunicación** (artículo 26) y facilitar el **acceso a la vivienda** (artículo 33).

Estrategia europea sobre los derechos de las personas con discapacidad 2021-2030

La Estrategia tiene como objetivo mejorar la calidad de vida de las personas con discapacidad, avanzando en la aplicación de todos los ámbitos de la CDPD, tanto a escala de la Unión Europea como de los Estados miembros.

La Estrategia reconoce la **diversidad de la discapacidad**, que es consecuencia de la interacción entre las deficiencias físicas, psíquicas, intelectuales o sensoriales a largo plazo, que suelen ser invisibles, con los obstáculos presentes en el entorno. Por otra parte, promueve una **perspectiva intersectorial,** que aborde los obstáculos específicos que afrontan las personas con discapacidad que se encuentran en la intersección de identidades (género, raza, etnia, sexo, religión), o en una situación socioeconómica difícil o en cualquier otra situación vulnerable. En este contexto, advierte de la situación especialmente difícil que afrontan las personas con discapacidad en las zonas rurales, especialmente las personas mayores con discapacidad.

La estrategia establece cuatro ámbitos clave:

La **accesibilidad** como herramienta habilitadora de derechos, autonomía e igualdad y requisito previo para la plena participación.

Disfrutar de los **derechos** de la Unión Europea en igualdad de condiciones (circular y residir libremente; participar en los procesos democráticos;

Nivel de vida digno y **vida independiente**, siendo necesario, entre otras cuestiones, asegurar el derecho a vivir de forma independiente y a ser incluidos en la comunidad, avanzar en la desinstitucionalización y reforzar los servicios comunitarios, las opciones de vivienda y los productos de apoyo.

La **igualdad de oportunidades y no discriminación** en todos los ámbitos: justicia, protección jurídica, acceso a la protección social, la asistencia sanitaria, vivienda, educación inclusiva y accesible, cultura, ocio, deporte, turismo, etc.

Estrategia Española sobre Discapacidad 2022-2030

Aprobada en mayo de 2022, la Estrategia gira en torno a tres asuntos clave: 1) la perspectiva de género; 2) la **ruralidad y reto demográfico** y 3) las personas con grandes necesidades de apoyo. Respecto a la ruralidad, la Estrategia reconoce que las personas con discapacidad afrontan mayores desafíos en las zonas rurales que en las zonas urbanas. La Estrategia se despliega en **dos ejes principales**: el **eje motor** y el **eje transversal**. El eje motor consiste en la **ciudadanía activa** y en el pleno ejercicio de los **derechos humanos**. A su vez, contiene cuatro ejes distintos:

Eje 1 sobre **inclusión social y participación**;

Eje 2 sobre la **autonomía personal y la vida independiente**;

Eje 3 sobre **igualdad y diversidad**;

Eje 4 sobre **diseño y accesibilidad universal**.

Por otro lado, el **eje transversal** abarca la **perspectiva de género**, la **cohesión territorial**, los sistemas de información, gobernanza y diálogo civil, la innovación y el desarrollo sostenible.

En relación con las personas con discapacidad en el medio rural, la Estrategia se propone abordar la realidad de las personas que viven en el medio rural y otorgarles un lugar protagonista. Entre las acciones previstas para reducir las barreras que afrontan estas personas, cabe destacar:

Desarrollo rural inclusivo: Se promoverán **servicios y apoyos específicos** para las personas con discapacidad en el medio rural, involucrando a entidades sociales y agentes locales. Se impulsará el desarrollo rural inclusivo y **nuevas oportunidades de empleo** y actividad económica vinculadas al cuidado.

Servicios de proximidad: Se fomentarán **servicios centrados en las personas**, vinculados con la Ley 39/2006 de Promoción de la Autonomía y Atención a la Dependencia, que incluyan **intervenciones ambulatorias** en zonas con limitaciones de infraestructura.

Acceso a servicios básicos: Garantizar el acceso equitativo a servicios básicos como salud, educación, servicios sociales, transporte, comunicación (internet) y cultura inclusiva y accesible.

Medidas de discriminación positiva: Se incluirá explícitamente a las personas con discapacidad en las regulaciones y políticas orientadas al desarrollo rural, estableciendo medidas de discriminación positiva para compensar su situación de vulnerabilidad.

Participación en la gobernanza local: Se considerará a la población con discapacidad en la gestión del territorio y del patrimonio natural, en coordinación con organizaciones de representación y apoyo.

Concienciación: Se promoverá la toma de conciencia entre gestores políticos y técnicos sobre actitudes positivas hacia la población con discapacidad en el medio rural.

II Plan Nacional de Accesibilidad Universal

El II Plan Nacional de Accesibilidad Universal de España busca garantizar la accesibilidad para todas las personas, alineándose con la CDPD. El plan se estructura en seis ejes estratégicos, cada uno con un objetivo general y medidas específicas para su implementación.

Eje 1: **Visibilización de la accesibilidad en el Gobierno de España**. Hacer de la accesibilidad universal un compromiso de estado tangible, sostenible y visible, dotándolo de una estructura estable y de recursos suficientes y promoviendo herramientas y acciones para su promoción y conocimiento extensivo.

Eje 2: **Gestión transversal de la accesibilidad en la AGE.** Establecimiento de herramientas y acciones que aseguren y ordenen la presencia de la accesibilidad universal en ámbitos y espacios clave de gestión y actuación de la AGE.

Eje 3: **Promoción de la gobernanza multinivel en la administración pública**. Acciones y herramientas que coordinen, impulsen e incentiven la mejora de la accesibilidad universal en los diferentes niveles de gobierno y de gestión pública.

Eje 4: **Reforzar el marco normativo** en materia de accesibilidad universal e impulsar su cumplimiento. Fortalecimiento del marco normativo para garantizar entornos, bienes y servicios accesibles, promoviendo su cumplimiento y evaluación sistemática.

Eje 5: **Fomentar la innovación en accesibilidad**. Ordenación de recursos y herramientas ya existentes en la Administración del Estado, y creación de nuevas herramientas para garantizar la generación, transferencia y visibilización de información relevante sobre accesibilidad universal.

Eje 6: **Implantación efectiva de la accesibilidad** en entornos, productos, bienes y servicios.

Cada eje cuenta con un presupuesto asignado que suma en total 84 915 006,59 de euros. El Plan se evaluará cada tres años para medir su progreso y efectividad, asegurando la rendición de cuentas y la mejora continua.

En relación con la ruralidad, el Plan asume como **cuestión estratégica** abordar las necesidades que presentan personas que viven en el medio rural, desarrollando **medidas específicas que impulsen la accesibilidad universal** en los municipios de menor tamaño. Se propone también incentivar **acuerdos con administraciones locales** para implementar políticas y actuaciones en materia de accesibilidad universal, teniendo en cuenta las necesidades específicas de mujeres y niñas con discapacidad. A través de la **gobernanza multinivel**, el Plan pretende dinamizar actuaciones para que los municipios, especialmente los de zonas rurales, impulsen la accesibilidad para mejorar la calidad de vida de todas las personas.

Estrategia Estatal para un nuevo modelo de cuidados en la comunidad: un proceso de desinstitucionalización 2024-2030

La Estrategia busca que todas las personas, especialmente aquellas con mayores necesidades de apoyo y cuidados, puedan desarrollar sus **proyectos de vida elegidos en la comunidad**. El objetivo es ofrecer una alternativa centrada en las personas, mediante servicios personalizados y de pequeña escala, en entornos comunitarios de proximidad. La Estrategia pretende también contribuir a mejorar las condiciones de vida de las personas que cuidan, proporcionando los apoyos necesarios a las y los profesionales que atienden en los domicilios y en la comunidad, así como en instituciones, para facilitar la transición hacia intervenciones comunitarias, personalizadas y orientadas a la autonomía y autodeterminación de las personas, apoyando a las familias, y en especial a las mujeres cuidadoras y familias de acogida, para que el cuidado de las personas no se convierta en un impedimento para sus propios proyectos de vida.

Respecto a las personas con discapacidad y de acuerdo con los ejes en los que se despliega, la Estrategia se propone:

Prevención de la institucionalización. Se busca evitar que las personas con discapacidad sean ingresadas en instituciones, fortaleciendo derechos y estructuras como vivienda, salud y accesibilidad. También se activan mecanismos de respuesta rápida para quienes están en riesgo de institucionalización.

Participación y concienciación social. Se fomenta la participación activa de las personas con discapacidad y el respeto a su voluntad en la organización de apoyos y cuidados, promoviendo su autodeterminación y libertad de elección.

Transformación de los modelos de cuidado. Se impulsa una atención centrada en la persona y la vida independiente en comunidad. También se busca mejorar las condiciones laborales en el sector de los cuidados y asegurar la calidad de los servicios mediante mecanismos de evaluación y supervisión.

Desarrollo de servicios para la vida en comunidad. Se fortalecen los apoyos y soluciones de vivienda comunitaria y se refuerza la asistencia personal como herramienta clave para la independencia.

Condiciones habilitadoras para la desinstitucionalización. Se propone adaptar el marco normativo, incluyendo la reforma de la Ley de Autonomía Personal y Atención a la Dependencia para alinearla con la Convención sobre los Derechos de las Personas con Discapacidad.

La Estrategia cuenta con un plan de activación para agilizar y coordinar una serie de actuaciones que por su relevancia se han priorizado en esta primera etapa de implementación de la Estrategia y que se despliegan en siete **focos estratégicos**. Uno de estos focos estratégicos está dirigido al desarrollo de un **nuevo modelo de cuidados comunitario en el ámbito rural.** Este foco pretende agrupar y potenciar las posibles medidas relacionadas con el refuerzo y mejora de los cuidados y apoyos con enfoque comunitario en el ámbito rural, de forma que se pueda apoyar la capacidad de las personas de vivir en su propio hogar, de acuerdo con sus preferencias y recibiendo el apoyo necesario para continuar con su estilo de vida en su entorno de proximidad. Además, pretende impulsar **estrategias e iniciativas comunitarias de cuidados en entornos rurales.**

Se proponen actuaciones específicas según los ejes y las líneas de actuación propuestas los mismos.

Impulso de redes de cuidados que fomenten los vínculos en la comunidad para las personas que necesitan apoyos y sus personas cuidadoras.

Fortalecimiento de la dimensión preventiva y comunitaria de los servicios y recursos. El diseño de los sistemas de cuidados en el ámbito rural debe considerar sus particularidades. Es fundamental definir, junto con los agentes competentes, un modelo de cuidados de larga duración basado en la personalización y la comunidad, que también ayude a enfrentar el desafío demográfico.

Desarrollo y refuerzo de líneas y fórmulas de financiación para la promoción de servicios comunitarios y de base familiar en entornos urbanos y rurales.

La estrategia cuenta con una dotación económica inicial que supera los 1 300 millones de euros (1 323 471 810 €) y estará financiada por recursos provenientes de los Fondos Estructurales de la Unión Europea, en particular el Fondo Social Europeo Plus (FSE+) y por fondos del Mecanismo de Recuperación y Resiliencia, a través del Plan de Recuperación, Transformación y Resiliencia (PRTR), habiendo programado para ello operaciones vinculadas a procesos de desinstitucionalización, de modernización de los servicios sociales y de desarrollo de una nueva economía de los cuidados hasta el 2027, tanto a escala estatal como a escala autonómico.

En diciembre de 2024, se aprobó el plan operativo para desarrollar en 2025 esta estrategia, contando con la financiación de 12 gobiernos autonómicos y por el Gobierno de España. El plan operativo se ha elaborado mediante un proceso participativo con diferentes Ministerios y Comunidades Autónomas para asegurar que las políticas propuestas estén lo más ajustadas posibles a las realidades locales. Este plan se organiza según los cinco ejes de la Estrategia, cada uno con objetivos específicos y líneas de actuación.

Estrategia Nacional frente al Reto Demográfico

Aprobada en 2019, esta Estrategia busca afrontar tres desafíos demográficos: el **progresivo envejecimiento** poblacional; el **despoblamiento** territorial, y los efectos de la **población flotante**. Se marca como objetivo general el de **garantizar la igualdad de oportunidades y el libre ejercicio de los derechos de ciudadanía en todo el territorio**, a través de la coordinación y cooperación de todas las administraciones públicas, el aprovechamiento sostenible de los recursos endógenos y la estrecha colaboración público-privada.

Objetivos transversales:

Garantizar conectividad territorial y cobertura de internet de banda ancha y de telefonía móvil en todo el territorio.

Asegurar servicios básicos equitativos en todos los territorios.

Incorporar la perspectiva demográfica en leyes y programas.

Simplificar la normativa y administrativa para pequeños municipios con el fin de facilitar la gestión de los ayuntamientos.

Mejorar la imagen de territorios afectados por riesgos demográficos.

Fomentar colaboración público-privada en todos los territorios, potenciando la incorporación de los factores demográficos en su responsabilidad social corporativa.

Alinear acciones con los Objetivos de Desarrollo Sostenible.

En el marco de esta Estrategia frente al reto demográfico, se encuentra el **Plan de Recuperación y Medidas frente a la Despoblación (2021-2023),** como respuesta a la pandemia, con el propósito de impulsar la cohesión territorial del país, conectar los ámbitos rural y urbano e impulsar transformaciones de impacto en las áreas más afectadas por la desigualdad, los pequeños municipios y el conjunto de las áreas rurales en situación de declive demográfico. El Plan de Recuperación incluía 130 medidas financiadas con fondos europeos para ofrecer oportunidades a ciudadanía en su lugar de residencia. Se enfatiza la igualdad de oportunidades y la cohesión territorial como objetivos fundamentales.

Plan de Recuperación, Transformación y Resiliencia

Es la estrategia de España para canalizar los fondos europeos destinados a reparar los daños provocados por la crisis de la COVID-19 (programa *Next Generation EU*). Se estructura en torno a cuatro **ejes transversales**: transición ecológica, transformación digital, cohesión social y territorial, e igualdad de género. Estos cuatro ejes orientan las **diez políticas palanca** que determinan la evolución futura de España: desde la agenda urbana, la lucha contra la despoblación y el desarrollo de la agricultura hasta la modernización y refuerzo del sistema fiscal y de pensiones, pasando por la resiliencia de infraestructuras y ecosistemas, la transición energética, la modernización de la Administración, del tejido industrial y de la pyme y la recuperación del turismo, la apuesta por la ciencia y el refuerzo del Sistema Nacional de Salud, el impulso de la educación y la formación profesional continua, el desarrollo de la nueva economía de los cuidados, las nuevas políticas públicas del mercado de trabajo o el impulso de la industria de la cultura y el deporte. El Plan considera a las personas con discapacidad en distintas iniciativas y destaca el potencial del Plan para seguir trabajando hacia la inclusión plena de personas con discapacidad en todas sus facetas. Dentro del plan, cabe destacar una de sus líneas de acción: Plan de Choque para el **Economía de los Cuidados y Refuerzo de las políticas de igualdad e inclusión** que tiene como objetivo la modernización y refuerzo del conjunto de los servicios sociales, con especial atención al modelo de cuidados de larga duración, promoviendo la innovación y un modelo de

Atención Centrada en la Persona. En esta línea de acción se enmarca la Estrategia Estatal para un nuevo modelo de cuidados en la comunidad: un proceso de desinstitucionalización 2024-2030 que se ha descrito más arriba.

Políticas Autonómicas relacionadas con la despoblación

Algunas Comunidades Autónomas han impulsado distintas iniciativas para abordar la despoblación, priorizando el bienestar y la igualdad de oportunidades. Estas iniciativas buscan garantizar servicios públicos y fomentar la cohesión social y territorial. Se mencionan ejemplos destacados:

Aragón: Ley 13/2023, de 30 de marzo, de dinamización del medio rural de Aragón. La ley establece un marco normativo de medidas de discriminación positiva y de mecanismos de promoción, desarrollo y dinamización que permitan garantizar los servicios públicos básicos, los servicios públicos esenciales, así como los servicios de interés general, e impulsar las actividades socioeconómicas con el fin de lograr la **igualdad de oportunidades y una calidad de vida equivalente para todos los habitantes del territorio** aragonés cualquiera que sea su lugar de residencia.

En relación con las personas con discapacidad la ley establece:

Una «**nueva economía de cuidados**» dirigida a favorecer que las personas mayores, en situación de dependencia o discapacidad, puedan mantenerse en su domicilio, siempre que esta sea su preferencia. Con este fin se impulsará el mantenimiento de la salud a través de intervenciones coordinadas entre los sistemas de salud y de servicios sociales, el mantenimiento de entornos seguros y respetuosos, la eliminación de barreras, el fomento de apoyos sociales que eviten el aislamiento y la soledad, el apoyo a su entorno cuidador y el aumento del personal destinado a la asistencia personal en el medio rural.

Impulsar la creación y el mantenimiento del **empleo** en el medio rural.

Adecuarse a las necesidades sanitarias y sociosanitarias que tiene la población rural garantizando la coordinación con los servicios sociales, en particular, respecto a servicios como la asistencia domiciliaria, centros de día y residencias para personas mayores o con discapacidad, a través de un **modelo de salud conectada**. Además, se extenderán los programas de rehabilitación o de conservación de capacidades en atención primaria.

El Gobierno de Aragón impulsará una **red de servicios públicos de cuidados** adaptada a las necesidades de la población, coordinada con entidades locales. Se garantizará la atención a personas vulnerables, con discapacidad o en situación de dependencia, optimizando recursos y mejorando la calidad del empleo en el sector. Además, se promoverá la profesionalización del cuidado mediante formación y acreditación.

Fomentarán los servicios de carácter social que favorezcan la **conciliación de las familias** con menores, mayores, personas con discapacidad o dependencia o que por su configuración o estructura se encuentren en situación de vulnerabilidad.

Se promoverán **microcréditos** a mujeres, jóvenes, mayores de cuarenta y cinco años, migrantes, personas con discapacidad, desempleados de larga duración y personas en situación o riesgo de exclusión social que no tengan acceso a otro tipo de financiación, favoreciendo la economía social y actividades económicas centradas en el sector social, agroalimentario, ambiental, forestal, cultural y digital del medio rural o en otros servicios básicos para la población rural.

Se favorecerá la economía social y actividades económicas en sectores clave del medio rural, como el social, agroalimentario, ambiental, forestal, cultural y digital.

Castilla-La Mancha: Ley 2/2021, de 7 de mayo, de Medidas Económicas, Sociales y Tributarias frente a la Despoblación y para el Desarrollo del medio rural en Castilla-La Mancha. El objeto de esta ley es regular y establecer principios de actuación y medidas tendentes a la consecución de un desarrollo integral del medio rural en Castilla-La Mancha, prestando especial atención a la lucha frente a la despoblación, así como a garantizar servicios básicos e **igualdad de oportunidades** para sus habitantes y propiciar el desarrollo económico y social del medio rural para alcanzar la **cohesión social y territorial**, en el marco de una cultura de igualdad entre mujeres y hombres que garantice el desarrollo sostenible.

Entre los objetivos de la ley está el de mejorar la calidad de vida de la población del medio rural, elevando el grado de bienestar de sus habitantes y asegurando unos servicios públicos básicos adecuados y suficientes, que garanticen la igualdad de oportunidades y la accesibilidad, incidiendo en el acceso educativo, prestaciones sanitarias, atención social, dependencia, discapacidad, transportes, vivienda, energía, agua y dotación de nuevas tecnologías de la información y de la comunicación.

El artículo 45 está dedicado a las personas con discapacidad y dispone que **se promoverá la atención a las personas con discapacidad en el medio rural** mediante:

a) El fomento de la atención en los entornos más inmediatos a través de **programas de apoyo a familias**, la atención en entornos naturales o la **itinerancia de servicios**. Igualmente se promoverá un medio rural inclusivo mediante la **accesibilidad a los servicios** a través del uso de las nuevas tecnologías de la información y la teleintervención.

b) Se establecerán programas para facilitar la **accesibilidad en la vivienda** habitual y el equipamiento de los hogares para la adaptación a las necesidades de las personas con discapacidad, garantizando la atención personalizada a través de dispositivos como **teleasistencia avanzada**, geolocalización, **alertas de riesgo en el hogar**, terminales adaptados y comunicación accesible.

Se considera a las personas con discapacidad en las medidas que establece esta ley para impulsar la **creación y el mantenimiento del empleo** en el medio rural.

Castilla y León. Ley 1/2024, de 8 de febrero, de **apoyo al proyecto de vida de las personas con discapacidad** en Castilla y León. La ley establece un marco de apoyos profesionales para personas con discapacidad, complementario al entorno natural y comunitario, con el fin de garantizar su autonomía y continuidad de atención a lo largo de su vida, especialmente en momentos de vulnerabilidad. La prestación de estos apoyos se coordinará entre las administraciones públicas de Castilla y León, en áreas como servicios sociales, sanidad, educación, vivienda, justicia y empleo, con especial atención al medio rural.

Asturias. Ley del Principado de Asturias 2/2024, de 30 de abril, de Impulso Demográfico. Esta ley tiene como propósito abordar los retos demográficos de Asturias, promoviendo un desarrollo equilibrado, inclusivo y sostenible. En relación con las personas con discapacidad, la ley establece distintas medidas que buscan mejorar la calidad de vida, la autonomía y la inclusión de las personas con discapacidad en la región, especialmente en zonas rurales y concejos con dificultades demográficas.

Reconocimiento y acceso a derechos. Facilitar el reconocimiento ágil de derechos de discapacidad y situación de dependencia, garantizando el acceso a prestaciones y servicios en condiciones de igualdad en todo el territorio, con especial atención a los concejos con dificultades demográficas. **Promoción de la autonomía personal** y la activación de proyectos vitales. Se promoverá un modelo tendente a la desinstitucionalización, con servicios y recursos de proximidad al domicilio, apoyados por las tecnologías que faciliten arraigo y el diseño de espacios de vida autónoma y participativa, con especial atención al desarrollo de los Entornos Rurales de Promoción de la Autonomía y el Cuidado, mediante la colaboración de distintas Administraciones y entidades.

Inclusión social. Promoción de programas y medidas para garantizar la inclusión social efectiva de las personas con discapacidad, eliminando obstáculos que impidan el desarrollo de proyectos vitales autónomos. Impulso de modelos de accesibilidad que beneficien a toda la población.

Atención y servicios. Adecuación arquitectónica de centros y creación de dispositivos públicos en concejos rurales que carezcan de ellos. Prestación de servicios de proximidad como terapia ocupacional, fisioterapia, acompañamiento y atención domiciliaria. Desarrollo de unidades de convalecencia y modalidades de residencia o convivencia para personas mayores con discapacidad.

Conciliación y corresponsabilidad en los cuidados. Prestar especial atención a las personas encargadas de los cuidados a mayores y a personas con discapacidad. Apoyar el emprendimiento de las mujeres a través de programas de acompañamiento en los procesos de empoderamiento económico, conectando las necesidades de autonomía económica con las necesidades de la atención a los cuidados y las oportunidades del territorio. Y, asimismo, apoyar la consolidación de las micropymes, las empresas de economía social y a las autónomas, especialmente en el medio rural.

Economía y empleo. Fomento de la economía social en la prestación de apoyos y cuidados de larga duración. Apoyo a la formación y capacitación de personas empleadas en el sector de cuidados.

Vivienda. Programa de adaptación de viviendas específicas para personas con discapacidad o dependencia, asegurando que sus domicilios se ajusten a sus necesidades. Fomento de nuevos modelos de viviendas colaborativas para personas mayores, con discapacidad, necesidades especiales, en situación de soledad social no deseada o en cualquier otra circunstancia que aconseje participar de un modelo de vivienda compartida o vivienda con apoyo.

Coordinación sociosanitaria. Garantía de servicios coordinados entre el sistema de salud y servicios sociales para una atención integral.

Galicia: Ley 5/2021, de 2 de febrero, de impulso demográfico de Galicia establece los fundamentos para el impulso demográfico de Galicia, acorde con los principios de **igualdad de oportunidades, no discriminación y accesibilidad universal**, que favorezca un desarrollo social, económico y ambiental sostenible y territorialmente equilibrado. En su artículo 84, dispone los servicios para las personas con discapacidad en el medio rural y costero no urbano. Establece que la administración autonómica apoyará el desarrollo personal y social autónomo y activo de las personas con discapacidad que residan en el medio rural y costero no urbano de Galicia y, con esta finalidad, impulsará la colaboración con entidades de iniciativa social de apoyo a la discapacidad presentes en el territorio y fomentará el desarrollo de recursos residenciales y terapéuticos cercanos a los entornos sociales y vitales de estas personas. Se favorecerán los proyectos de economía social orientados a la empleabilidad de personas con discapacidad en actividades económicas desarrolladas en el medio rural y costero no urbano. Por otro lado, las administraciones públicas de Galicia colaborarán en el aprovechamiento, siempre que sea viable y eficiente, del patrimonio inmobiliario de su titularidad para su uso como recursos de atención.

4. DISCAPACIDAD Y MEDIO RURAL

Una vez situados los conceptos clave, así como las referencias y líneas principales de política pública, el presente capítulo revisa las aportaciones del conocimiento disponible y realiza una caracterización demográfica a partir de diferentes operaciones estadísticas.

4.1. Aportaciones del conocimiento disponible

Como se apunta, la población rural se enfrenta a diversos factores que, con frecuencia, limitan su acceso a servicios esenciales, a los cuales tienen derecho como ciudadanos, en comparación con quienes residen en áreas urbanas. Estas barreras están profundamente relacionadas —y a menudo se retroalimentan— con dinámicas como la despoblación, la precariedad laboral, la escasez de servicios, la reducción de vínculos afectivos y familiares, así como distintos grados de aislamiento (Quezada y Huete, 2017). La situación de discapacidad deriva de una interacción entre la persona con limitaciones en sus funcionamientos y el contexto. Este contexto comprende, además de los aspectos personales, las características del mundo físico, social y actitudinal, que pueden actuar como facilitadores o barreras para la actividad, la participación y la inclusión de las personas con discapacidad (OMS, 2001). En este sentido, si bien el entorno rural puede ofrecer algunas ventajas a las personas con discapacidad en comparación con la ciudad, en términos generales también implica mayores desafíos y un elevado riesgo de exclusión (Quezada y Huete, 2017).

En los últimos años, ha aumentado el interés por investigar sobre las personas con discapacidad en el medio rural. Cada vez se llevan a cabo más investigaciones que abordan esta temática, reflejando la relevancia creciente de la cuestión. Se presentan de forma breve los estudios más relevantes en este campo.

Entre los primeros estudios en este ámbito, destaca el informe: «*La discapacidad en el medio rural*» (Charroalde y Fernández, 2006), que abordaba de manera monográfica esta cuestión y que pone en evidencia la situación de especial desventaja de las personas con discapacidad residentes en zonas rurales debido a las propias circunstancias del hábitat, las dificultades de transporte, el acceso a las TIC, la falta de accesibilidad en el entorno y en la vivienda.

La Plataforma Representativa Estatal de Personas con Discapacidad Física (PREDIF)[1] impulsó casi a la vez el Informe «*Necesidades en el Medio rural de las personas con gran discapacidad física y sus familias*» (Jenaro Río y Flores Robaina, 2006) que tenía como propósito conocer, a partir de una encuesta, las necesidades de atención de las personas con discapacidad física y sus familias. Entre los distintos datos que aportaba este informe destacan la baja actividad laboral, la necesidad de apoyo de una tercera persona para realizar actividades de la vida diaria, las distintas barreras para acceder a servicios sanitarios, sociales o de educación.

Con carácter también monográfico y enfocado en el empleo se cuenta el «*Estudio sobre discapacidad en el Medio rural: hacia el empleo verde*» (Red2Red, 2009). El estudio tenía dos objetivos: 1) analizar la situación laboral de las personas con discapacidad residentes en entornos rurales o cuasi rurales en Castilla y León y de la Comunidad Valenciana y 2) Buscar soluciones

---

[1] Desde septiembre de 2023 PREDIF se llama Impulsa Igualdad.

viables para la integración laboral de estas personas en ocupaciones relacionadas con el empleo verde. Las conclusiones de este estudio señalaban, por un lado, la «ocupabilidad» de estas personas en distintos puestos de trabajo en este sector y por otro, las barreras para acceder a estos puestos derivadas de la falta de sensibilidad del tejido empresarial y de las barreras arquitectónicas y de accesibilidad, más presentes en entornos rurales.

La Estrategia Española sobre Discapacidad 2012-2020 tenía previsto la puesta en marcha de plan especial para las personas con discapacidad en el medio rural. Previo a este plan, que no se llevó a cabo, el Observatorio Estatal de la Discapacidad elaboró el informe «*Las personas con discapacidad residentes en el Medio rural: situación y propuestas de acción*» (Quezada y Huete, 2017). El propósito del estudio consistió en identificar barreras y facilitadores para la inclusión social y la autonomía personal de esta población. Los datos del estudio perfilaron a una población con discapacidad en el medio rural más envejecida, mayoritariamente femenina y concentrada en ciertas regiones, con barreras específicos en su inclusión social. Entre estas barreras se encuentran el acceso limitado a servicios; la brecha digital; la escasez de transporte público adaptado; el mayor riesgo de pobreza y la precariedad laboral. El estudio del OED también incidía en el elevado riesgo de aislamiento en la población con discapacidad en el medio rural, derivada de las restricciones en la participación social, en actividades culturales, de ocio y recreativas.

En estos años recientes se han aportado también estudios monográficos, en relación con condiciones específicas de discapacidad o en determinadas áreas geográficas.

En 2023, Daño Cerebral Estatal, publicó el «*Estudio sobre las personas con daño cerebral adquirido en el medio rural*» que tenía como propósito analizar cómo el entorno rural condiciona la calidad de vida de las personas con Daño Cerebral Adquirido (DCA), identificando las barreras y necesidades específicas que enfrentan en estas áreas y proponiendo medidas para mejorar su inclusión y atención. Una de las principales conclusiones del estudio fue que ruralidad multiplica las situaciones de discriminación debido a la escasez de transporte accesible, la falta de información sobre el DCA y la disposición urbana de los recursos especializados. Entre sus propuestas, destaca la de creación de programas «itinerantes» de rehabilitación multidisciplinar y mantenimiento dirigidas a personas con Daño Cerebral Adquirido residentes en zonas rurales, especialmente dirigido a las personas mayores con DCA.

Juan Romay Coca, *et al* (2023) analizan la realidad de las personas con discapacidad en la provincia de Soria, una de las regiones más despobladas de Europa. Este análisis explora cómo la estructura social en esta región favorece o limita el «sociotipo» de las personas con discapacidad y examina la relación entre las percepciones y la realidad de la estructura existente para inferir las promociones o limitaciones de su capacidad de acción (agencia). El estudio parte de la premisa de que vivir en una zona con un declive demográfico considerable puede intensificar sustancialmente las dificultades de un grupo social con un «bajo nivel de agencia». Los resultados del estudio evidencian el profundo impacto de la despoblación en las personas con discapacidad en Soria, reflejado en la desigualdad en el acceso a servicios esenciales y recursos básicos. La escasez de oportunidades laborales, las dificultades de movilidad y la falta de compromiso por parte de los empleadores para integrar a este colectivo en el mercado laboral limitan su participación comunitaria y dificultan su inclusión social.

En 2024, la Confederación Española de Personas con Discapacidad Física y Orgánica (COCEMFE) presentó un estudio sobre el acceso a recursos y servicios en las zonas rurales de España, centrado en la autonomía de las personas con discapacidad física y orgánica. A través del análisis de casos, el informe examina la disponibilidad de estos recursos y servicios, así como su impacto en la autonomía personal y la vida independiente de las personas con este perfil de discapacidad. Los casos de estudio incluyeron los municipios de Bornos (Andalucía), Alcuéscar (Extremadura) y Xove (Galicia). Los criterios de selección fueron zonas con mayor índice de despoblación y menor tamaño, buscando una representación territorial de comunidades autónomas con un medio rural significativo. Entre las distintas barreras y limitaciones compartidas por estos tres casos se encuentran: las barreras orográficas; redes de transporte públicos con frecuencias limitadas y escasamente adaptados; la distribución geográfica de los servicios que implica la necesidad de desplazamiento; la falta de accesibilidad de recursos y servicios generales; ausencia de opciones de disfrute y socialización que reduce la participación social y comunitaria de las personas con discapacidad, entre otras.

Un aspecto destacable del estudio de COCEMFE es el impacto negativo en el bienestar emocional de las personas con discapacidad física y orgánica que se generan por falta de accesibilidad y las dificultades en los desplazamientos. La gestión excesiva de citas, horarios e itinerarios genera una carga psicológica y emocional invisible que afecta su bienestar.

En relación con la situación de las mujeres y niñas con discapacidad en el medio rural, los estudios son escasos. Merece destacarse el estudio monográfico impulsado por el OED en el año 2018. El estudio recoge la percepción de estas mujeres, a través de entrevistas, sobre su calidad de vida; las experiencias de discriminación que han vivido, y las barreras que han afrontado para el acceso a recursos. El estudio reveló que el 51 % de las mujeres con discapacidad que residen en entornos rurales se siente discriminada por su discapacidad, mientras que el 16 % lo atribuye a su género. El 75 % de estas mujeres considera que vive con peor calidad de vida que los hombres con discapacidad. El 67 % encuentra más dificultades que los varones con discapacidad a la hora de establecer relaciones sociales, sentimentales o para independizarse.

Por otro lado, se encuentra la investigación sobre la exclusión social de las mujeres con discapacidad en el medio rural en la provincia de Segovia (Otaola, 2021). Desde el enfoque de la exclusión social, los principales hallazgos del estudio son: la situación de pobreza estructural que afrontan estas mujeres con discapacidad debido al desempleo y a los gastos derivados de la discapacidad; los distintos tipos de violencia que suelen sufrir (violencia de género, sexual, económica, institucional, y violencia sexual y reproductiva).

Estos dos estudios visibilizan cómo el hecho de ser mujer y tener una discapacidad aumenta el riesgo de exclusión y de vulneración de derechos; esta discriminación interseccional se intensifica en el medio rural, donde los recursos y servicios disponibles son escasos y poco adaptados. En los dos estudios aparecen los roles de género como condicionantes de las trayectorias vitales de las mujeres con y sin discapacidad en distintos ámbitos, especialmente en el de los cuidados.

Por último, el CERMI ha desarrollado una *Guía sobre Eco Inclusión* que pretende que las personas con discapacidad sean protagonistas de una transición inclusiva, accesible y justa (CERMI, 2021).

4.2. Caracterización demográfica de las personas con discapacidad en el medio rural

De acuerdo con la EDAD, 2020 (INE, 2022), **un total de 951 862 personas residentes en el medio rural[2] tienen algún tipo de discapacidad**, esto supone el 22 % del total de las personas con discapacidad. La distribución por zonas residenciales muestra que el 52 % de la población con discapacidad vive en **Zonas Urbanas (municipios de más de 50 000 habitantes)** y un 26 % en **Zonas Intermedias (municipios de entre 10 000 y 50 000 habitantes)**. Al comparar los datos con la EDAD 2008, **se observa una disminución por-**

---

[2] Municipios de tamaño inferior a 10 000 habitantes, según la clasificación del INE.

centual de casi 3 puntos en las Zonas Rurales que en 2008 se situaba en el 24,9 %.

Tabla 1. Población con discapacidad según Zona de residencia, por sexo. Total y porcentaje. España 2020.

	Z. Urbana	Z. Intermedia	Z. Rural	Total
Varón	880 714	464 921	424 583	1 770 218
Mujer	1 375 848	644 712	527 279	2 547 839
Total	2 256 562	1 109 633	951 862	4 318 057
Porcentaje	52 %	26 %	22 %	100 %

Fuente: INE. Encuesta de Discapacidad, Autonomía personal y situaciones de Dependencia 2020.

Gráfico 1. Población con discapacidad según Zona de residencia. Total. España 2020.

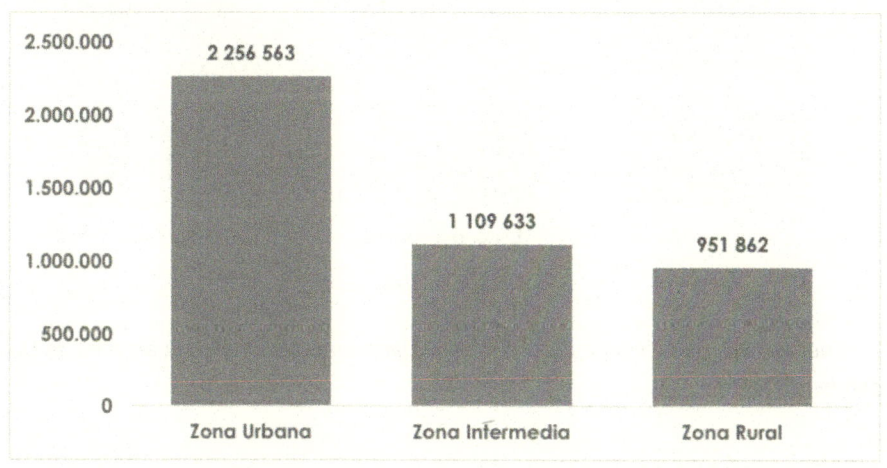

Fuente: INE. Encuesta de Discapacidad, Autonomía personal y situaciones de Dependencia 2020.

En relación con la **distribución por sexo**, se observa que, tanto en términos absolutos como porcentuales, las mujeres superan a los hombres en las tres zonas de residencia. En el caso de las zonas rurales, l**as mujeres suponen el 55 % de las personas con discapacidad** residentes en este tipo de hábitat seis puntos menos que en las zonas urbanas. Por otra parte, **se observa un mayor envejecimiento en la zona rural** que en la urbana. Así, mientras que **en el medio rural el 37 % de las personas con discapacidad tiene más de 80 años, en las zonas urbanas este porcentaje es del 32 %, esto es, cinco puntos menos.**

Gráfico 2. Población con discapacidad según Zona de residencia, por sexo. Porcentaje. España 2020.

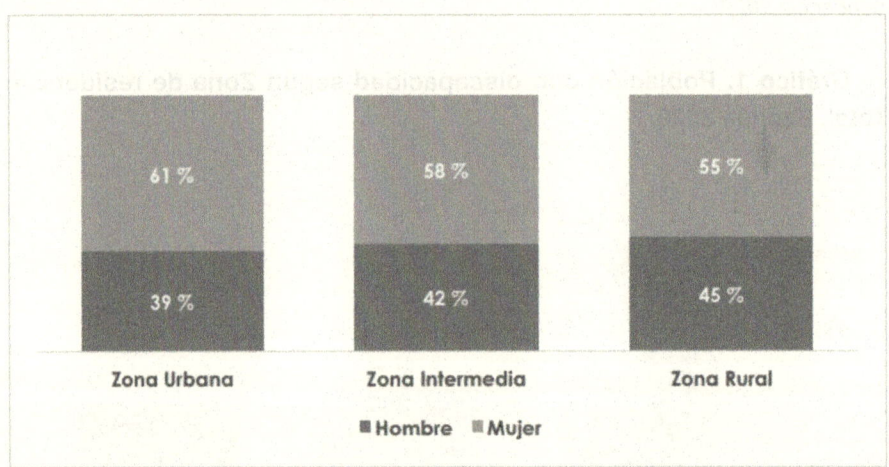

Fuente: INE. Encuesta de Discapacidad, Autonomía personal y situaciones de Dependencia 2020.

Gráfico 3. Población con discapacidad según Zona de residencia y grupo de edad. Porcentajes. España 2020.

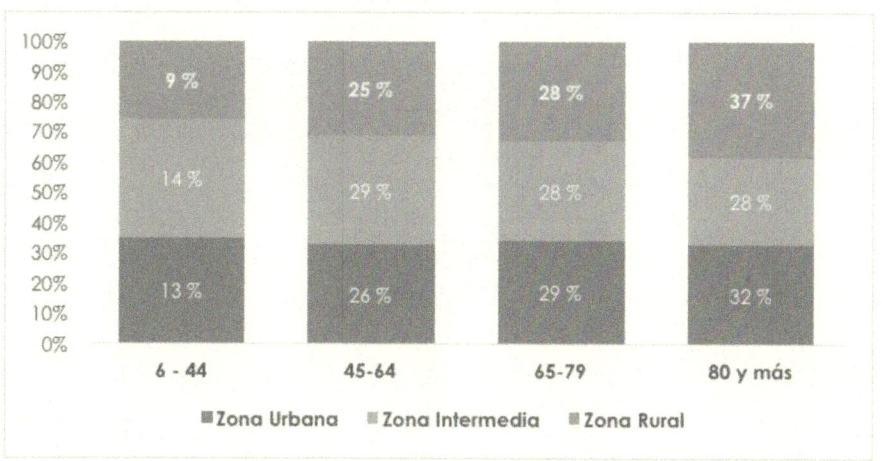

Fuente: INE. Encuesta de Discapacidad, Autonomía personal y situaciones de Dependencia 2020.

Gráfico 4. Pirámide poblacional de las personas residentes en el medio rural en España.

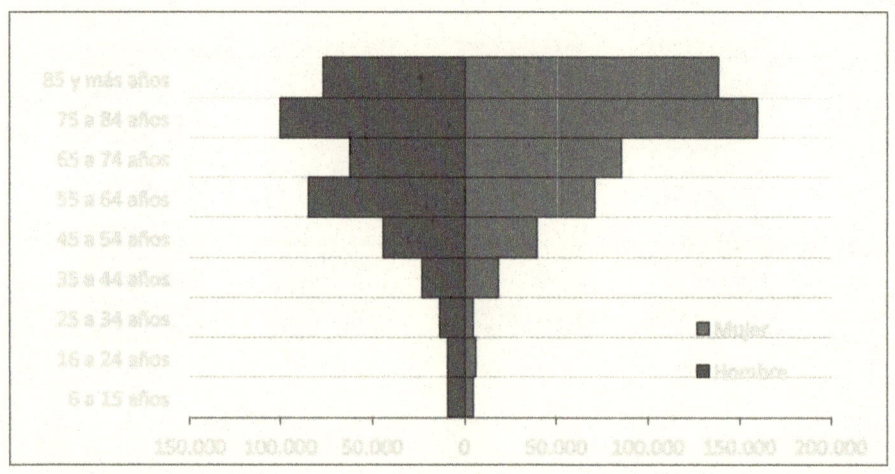

Fuente: INE. Encuesta de Discapacidad, Autonomía personal y situaciones de Dependencia 2020.

En relación con el **tipo de discapacidad**, las personas con discapacidad residentes en el ámbito rural presentan, en términos relativos, mayor dificultad en las actividades relacionadas con la **movilidad** (54 %), la **vida doméstica** (49 %) y el **autocuidado** (33 %). Al observar esta variable en las zonas urbanas, destacan las diferencias porcentuales respecto al ámbito rural en las discapacidades relacionadas con la vida doméstica, el autocuidado, la audición y la comunicación. El 57 % de las personas con discapacidad que viven en el medio rural indicaron tener el máximo **grado de severidad** en algún tipo de discapacidad **cuando no reciben ayudas** (543 538 personas).

Gráfico 5. Población con discapacidad según Zona de residencia y tipo de discapacidad (porcentajes). España 2020.

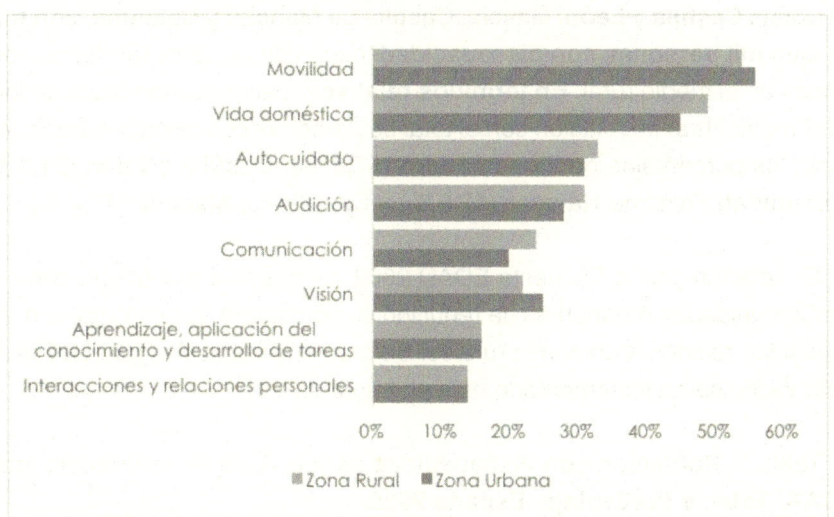

Fuente: INE. Encuesta de Discapacidad, Autonomía personal y situaciones de Dependencia 2020.

Tabla 2. Población con discapacidad según Zona de residencia y tipo de discapacidad (porcentajes). España 2020.

	Zona Urbana	Zona Intermedia	Zona Rural
Visión	25 %	25 %	22 %
Audición	28 %	27 %	31 %
Comunicación	20 %	23 %	24 %
Aprendizaje, aplicación del conocimiento y desarrollo de tareas	16 %	16 %	16 %
Movilidad	56 %	56 %	54 %
Autocuidado	31 %	31 %	33 %
Vida doméstica	45 %	47 %	49 %
Interacciones y relaciones personales	14 %	14 %	14 %

Fuente: INE. Encuesta de Discapacidad, Autonomía personal y situaciones de Dependencia 2020.

Respecto a la **distribución territorial**, en términos absolutos, destaca el dato de **Andalucía** con 195 637 personas con discapacidad en el ámbito rural. Le siguen **Castilla y León, Galicia, Castilla La Mancha y Cataluña, con más de cien mil personas con discapacidad,** cada uno de estos territorios, residentes en el medio rural. **En términos relativos** (personas con discapacidad en el medio rural en relación con el total de personas con discapacidad), destacan los porcentajes de **Extremadura (57,8 %), Castilla y León (51,0 %) Comunidad Foral de Navarra (47,9 %) y Castilla-La Mancha (47,7 %).**

En relación con la Encuesta EDAD 2008, se observa que buena parte de las Comunidades Autónomas ha reducido su porcentaje de personas con discapacidad residente en zonas rurales. Solo en Andalucía, Aragón, La Rioja y País Vasco se ha incrementado este porcentaje.

Tabla 3. Población con discapacidad según Zona de residencia, por CCAA. Total, y Porcentaje. España 2020.

Comunidad Autónoma	Zona Urbana	Zona Intermedia	Zona Rural	% Zona Rural
Andalucía	409 466	229 776	195 637	23,4 %
Aragón	64 013	14 320	39 409	33,5 %
Principado de Asturias	75 373	18 666	11 578	11,0 %
Illes Balears	30 311	47 123	13 209	14,6 %
Canarias	141 983	77 638	25 893	10,5 %
Cantabria	30 369	24 654	--*	--*
Castilla y León	103 435	7 297	115 232	51,0 %
Castilla-La Mancha	85 963	25 555	101 678	47,7 %
Cataluña	325 599	177 171	101 147	16,7 %
Comunitat Valenciana	209 131	191 757	89 676	18,3 %
Extremadura	38 971	7 742	63 875	57,8 %
Galicia	98 404	96 341	104 065	34,8 %
Comunidad de Madrid	443 359	43 005	23 873	4,7 %
Región de Murcia	79 911	73 773	--*	--*
Comunidad Foral de Navarra	16 288	9 149	23 403	47,9 %
País Vasco	77 392	62 559	31 821	18,5 %
La Rioja	12 825	3 106	11 366	41,6 %
Total	2 256 561	1 109 632	951 862	22,0 %

Nota: La EDAD2020 no arroja datos sobre población con discapacidad en el medio rural en las CCAA de Cantabria y Región de Murcia.
Fuente: INE. Encuesta de Discapacidad, Autonomía personal y situaciones de Dependencia 2020.

4.3. Inclusión Social de las personas con discapacidad en el ámbito rural

La inclusión de las personas con discapacidad pasa por su presencia y participación en los distintos ámbitos de la vida social como el empleo, la educación, el ocio y las relaciones personales.

4.3.1. Pobreza y exclusión social

La Red Europea de Lucha contra la Pobreza y la Exclusión Social (EAPN-ES) muestra, en su 13.º informe sobre el Estado de la Pobreza de 2023[3], cómo la pobreza y la exclusión social en España presentan diferencias significativas entre áreas rurales y urbanas, con una **mayor extensión de la pobreza en las zonas rurales**. Según este informe, el 27,6 % de la población rural está en riesgo de pobreza y/o exclusión social (tasa AROPE específica de la Agenda 2030)[4]; casi dos puntos más que las zonas urbanas (25,8 %). En general, de acuerdo con los datos de este informe, las zonas rurales tienen una mayor extensión de pobreza, pero las zonas urbanas enfrentan una pobreza más intensa y mayores dificultades relacionadas con el coste de vida.

En relación con las personas con discapacidad, los datos de la EAPN-ES indican que **las personas con discapacidad soportan un riesgo de pobreza y/o exclusión mucho más elevado que aquellas que no tienen discapacidad.** En el año 2023, el 31 % de las personas con discapacidad se encontraba

---

[3] Canals, L., *et al.* (2023). *Pobreza rural y urbana. 13.º Informe 2023. Estado de la pobreza en España. Seguimiento de los indicadores de la Agenda de la UE 2030 (2015-2022)*. Madrid: Red Europea de Lucha contra la Pobreza y la Exclusión Social. https://www.cedid.es/es/buscar/Record/590203

[4] La tasa AROPE es un indicador que mide el riesgo de pobreza y/o exclusión social. Se utiliza para evaluar la proporción de personas que se encuentran en alguna de las siguientes situaciones: riesgo de pobreza, privación material y social severa, o baja intensidad en el empleo en el hogar. Es un indicador clave en el seguimiento de la Agenda 2030 y las estrategias de inclusión social en Europa.

en riesgo de pobreza y/o exclusión mientras que para las personas sin discapacidad la cifra se situaba en 22,7 % (8,3 puntos menos). Si se observan los
datos de años anteriores, aun con ciclos donde la brecha entre personas con
y sin discapacidad se reduce o se amplía, lo cual resulta sumamente relevante, este mayor riesgo de pobreza y exclusión entre las personas con discapacidad y, sobre todo entre las mujeres, es una expresión de las
desigualdades estructurales que afronta el colectivo.

**Gráfico 6. Tasa AROPE según situación de discapacidad. Población
de 16 años o más (porcentaje). (2014-2023).**

Fuente: Red Europea de Lucha contra la Pobreza y la Exclusión Social.

En el año 2023, el 21 % de las personas con discapacidad se encuentra
en riesgo de pobreza. Este porcentaje se reduce hasta el 17,8 % para las personas sin discapacidad (3,2 puntos menos). Los datos por sexo muestran una
mayor incidencia de la pobreza en las mujeres con discapacidad (22 %)
respecto a los varones con discapacidad (19,6 %). Este 14.º informe de la
EAPN-ES destaca que, en los últimos años, la tasa de riesgo de pobreza ha

disminuido con mayor intensidad entre los hombres con discapacidad que entre las mujeres, lo que aumenta la **brecha entre mujeres y hombres con discapacidad.** Otro dato que destacar de este informe es que **el 12,8 % de las personas ocupadas con discapacidad son pobres,** esto supone que el acceso al empleo, aunque es importante, no exime de la pobreza a las personas (Alguacil Denche, *et al.*, 2024). A propósito de esta cuestión, cabe apuntar que, según datos del INE, el salario medio de las personas con discapacidad fue un 18,7 % inferior al del resto de trabajadores (INE, 2024).

Tabla 4. Datos sobre situación de pobreza y exclusión de las personas con discapacidad en España. Año 2023.

	Personas con discapacidad	Mujeres con discapacidad	Hombres con discapacidad	Personas sin discapacidad
AROPE (at risk of poverty or exclusion)	31 %	32,0 %	29,7 %	22,7 %
Riesgo de pobreza	21 %	22,0 %	19,6 %	17,8 %
Pobreza severa[1]	7,5 %	8 %	7 %	7,3 %
Privación material y social severa	13,3 %	14 %	12,4 %	6,2 %
Tasa BITH[2]	15,7 %	--	--	6,7 %

1. *La pobreza severa agrupa a las personas que viven en hogares con ingresos extraordinariamente bajos, cuya renta está por debajo del 40 % de la mediana de renta por unidad de consumo de la población, es decir, que viven en hogares con ingresos inferiores a 7 326 € al año (611 € al mes).*
2. *Personas entre 0 y 64 años que viven en hogares en los cuales se trabaja menos del 20 % de su potencial total de empleo.*
Fuente: 14.º Informe 2024. Estado de la pobreza en España. Seguimiento de los indicadores de la Agenda de la UE 2030 (2015-2023).

4.3.2. Empleo

Según el INE, **en el año 2023 había 1 946 800 personas con discapacidad en edad de trabajar**, lo que supone el 6,2 % de la población total en edad laboral. Los datos por tipo de municipio indican que **el 13 % de estas personas reside en áreas rurales** (252 200 personas); un 34 % en áreas poblacionales de densidad media y un 53 % en áreas densamente pobladas.

En cuanto a **sexo y edad**: del total de personas con discapacidad en edad de trabajar (de 16 a 64 años), el 56 % de estas personas son varones y un 44 % mujeres. El 73 % se encuentra en el grupo de edad de 45 a 64 años. Además del envejecimiento relativo, otro aspecto destacable del colectivo de personas con discapacidad en edad laboral es su **baja tasa de actividad** en comparación con las personas sin discapacidad. La tasa de actividad de las personas con discapacidad es 43 puntos inferior que la de las personas sin discapacidad (35,5 % frente a 78,5 %).

La brecha entre las personas con y sin discapacidad en este ámbito se vuelve mayor al considerar el hábitat. **En las zonas rurales, la tasa de actividad de las personas con discapacidad es 48 puntos inferior respecto a las personas sin discapacidad**. Para aquellas que residen en zonas urbanas esta diferencia es de 41 puntos.

Tabla 5. Población con discapacidad según Zona de residencia, por situación de actividad laboral. Porcentajes. España.2023.

		Tasa de actividad	Tasa de empleo	Tasa de desempleo
Personas sin discapacidad	Área densamente poblada	79,4	70,2	9,2
	Área de densidad intermedia	77,2	67,4	9,9
	Área dispersa	**78,0**	**68,6**	**9,4**
Personas con discapacidad	Área densamente poblada	37,7	30,3	7,4
	Área de densidad intermedia	34,3	27,3	7,0
	Área dispersa	**29,5**	**24,3**	**5,2**

Fuente: INE. El empleo de las personas con discapacidad, 2024.
1. Área densamente poblada (Municipios con densidad de población superior a 500 hab/Km2 que conforman un conjunto continuo de municipios de al menos 50 000 habitantes).
2. Área de densidad intermedia (Municipios no densamente poblados que tienen densidad superior a 100 hab/Km2 y conforman un conjunto continuo de municipios de al menos 50 000 habitantes).
3. Área dispersa (Municipios que no son zonas densamente pobladas ni intermedias).

Gráfico 7. Población con discapacidad según Zona de residencia, por situación de actividad laboral. Porcentajes. España.2023.

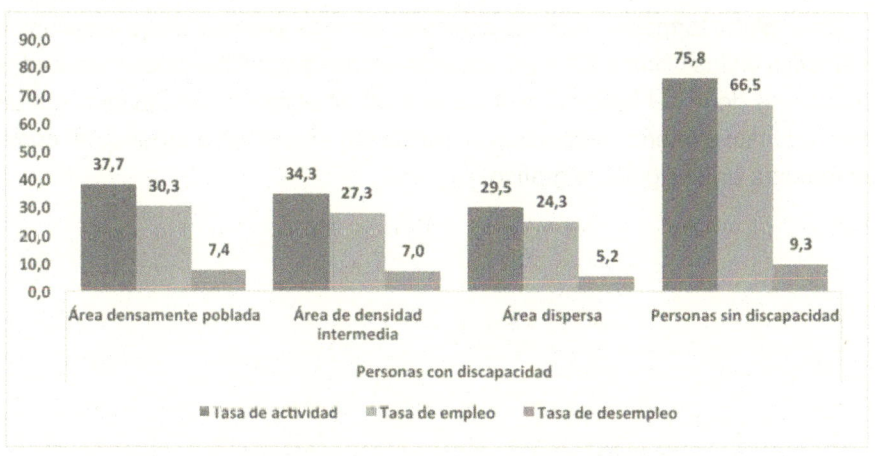

Fuente: INE. El empleo de las personas con discapacidad, 2024.

El estudio del OED sobre personas con discapacidad en el medio rural identificó diversas áreas clave para fomentar la generación de empleo en este entorno. Entre ellas destacan el empleo verde, el sector agroalimentario, el turismo rural y los servicios de proximidad, todos ellos con gran potencial para promover la inclusión laboral de las personas con discapacidad (Quezada y Huete, 2017). Por su parte, la última Estrategia Española de Discapacidad se propone promover el emprendimiento y autoempleo de las personas con discapacidad en áreas como la economía de cuidados, profesiones tradicionales, actividades emergentes en entornos rurales, economía digital y transformación ecológica.

El medio rural ofrece oportunidades significativas que requieren el despliegue de nuevas políticas, estrategias e iniciativas de empleo. La participación activa de las personas con discapacidad en los programas de desarrollo rural, así como en los servicios de promoción y crecimiento empresarial, es esencial para fomentar su inclusión y fortalecer el tejido socioeconómico de la región.

4.3.3. Educación y formación

En el plano formativo, aunque son evidentes los avances hacia la inclusión educativa en los últimos 20 años, los indicadores disponibles sobre resultados educativos de la población con discapacidad en el medio rural evidencian un nivel educativo inferior respecto a la población en el medio urbano, tal como se muestra en el siguiente gráfico.

Gráfico 8. Población con discapacidad según Zona de residencia, por nivel de estudios. Porcentaje. España.2023.

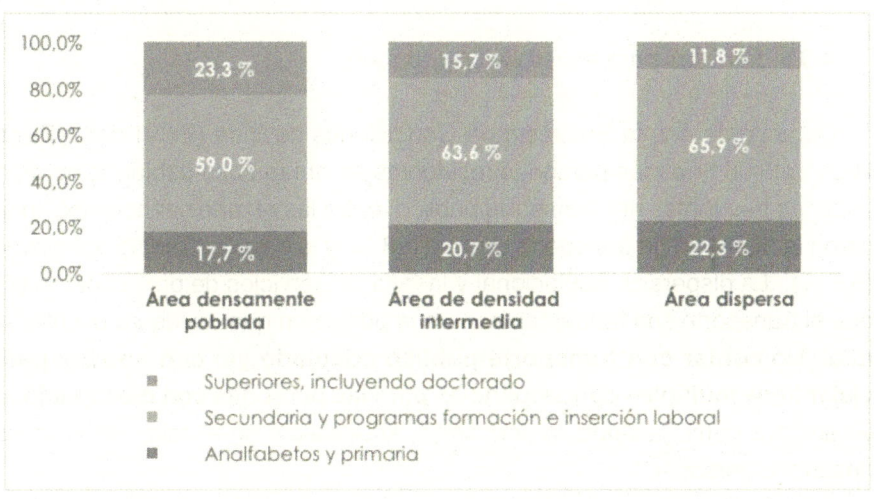

Fuente: INE. El empleo de las personas con discapacidad, 2024.

4.3.4. Accesibilidad

En 2020, el 34,8 % de las personas con discapacidad que residen en zonas rurales enfrentaron dificultades para desenvolverse con normalidad en su vivienda y alrededores. Este porcentaje se eleva al 46 % en el caso de las personas con discapacidad mayores de 80 años.

Por otro lado, el 37,8 % de estas personas experimentaron obstáculos para moverse con facilidad en edificios públicos o en su entorno cercano. Para quienes superan los 80 años, estas dificultades resultan aún más pronunciadas, alcanzando un 48,4 %.

Las mujeres con discapacidad en el entorno rural enfrentan mayores dificultades tanto en su vivienda como en edificios públicos, en comparación con los hombres con discapacidad residentes en el mismo entorno.

4.3.5. Barreras para el uso del transporte

De acuerdo con la Encuesta de Condiciones de Vida (ECV) del INE, en 2024 un 84,8 % de las personas residentes en áreas poco pobladas no eran usuarias frecuentes del transporte público, entre las razones principales, indicaron la ausencia de transporte público (23 %) y la baja frecuencia del mismo (8,6 %). La dispersión poblacional y la falta de servicios de proximidad hace que el transporte sea fundamental para la población que reside en el entorno rural. **No contar con transporte público adaptado y/o con apoyos para viajar tiene múltiples consecuencias para las personas con discapacidad** en ámbitos como la salud, la educación, el empleo o en el ocio, limitando su desarrollo personal.

Gráfico 9. Distancia media por carretera a distintos servicios según grado de urbanización (Kilómetros). España. Año 2024.

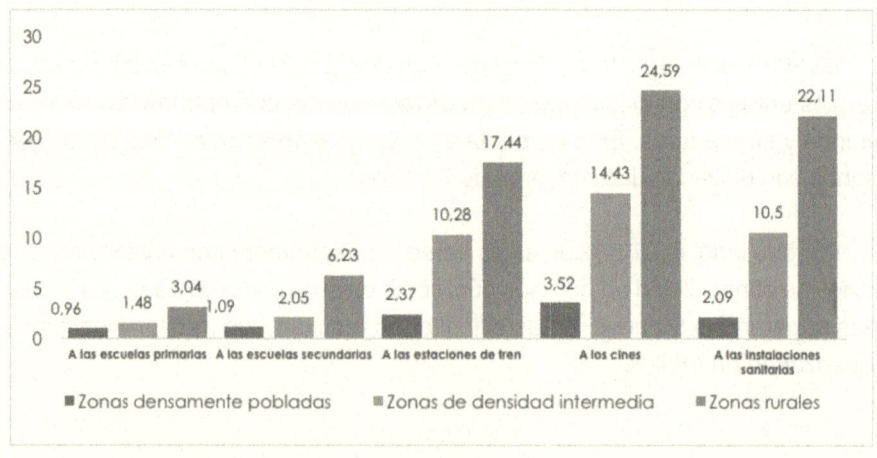

Fuente: Observatorio Rural. Comisión Europea.

Según un estudio de la Fundación ONCE (2015), la necesidad de desplazarse al lugar de trabajo es una constante en el medio rural, lo que representa un desafío para la empleabilidad. De hecho, casi tres de cada cinco personas con discapacidad que tienen empleo trabajan en una localidad distinta a la de su residencia, obligándolas a recorrer una media de 32 kilómetros diariamente.

De acuerdo con datos del estudio sobre personas con daño cerebral adquirido en el medio rural, la falta de recursos especializados obliga a estas personas a desplazarse largas distancias, en promedio de 34,7 km, para recibir atención. Esto genera gastos adicionales y supone que aquellas con bajos ingresos queden, en la práctica, excluidas de servicios básicos como el de la rehabilitación (FEDACE, 2023).

La escasa disponibilidad de medios de transporte genera una carga adicional para el entorno familiar, que se ve obligado a asumir tareas de asistencia en el transporte. Esto implica un coste de oportunidad, ya que quienes prestan apoyo deben renunciar a otras actividades, sean productivas, formativas o de otro tipo. En última instancia, se traduce en un coste indirecto tanto para el hogar como para el entorno social de la persona con discapacidad (Quezada y Huete, 2017).

Según la encuesta EDAD-2020, **un 45,5 % de la población con discapacidad residente en zonas rurales indicó tener dificultad al desplazarse en transporte**. El transporte público (38,6 %) y los vehículos propios o familiares (24,4 %) fueron los medios en los que encontraron mayores dificultades para desenvolverse con normalidad. Comparando los datos de las personas que residen en zonas urbanas, se observan menos dificultades de estas personas casi en todos los tipos de vehículos, excepto en el caso del transporte público donde el porcentaje es casi similar (38,5 %).

Gráfico 10. Medios de transporte en el que las personas con discapacidad encontraron dificultades para desenvolverse con normalidad (porcentajes), según zonas de residencia. España. 2020.

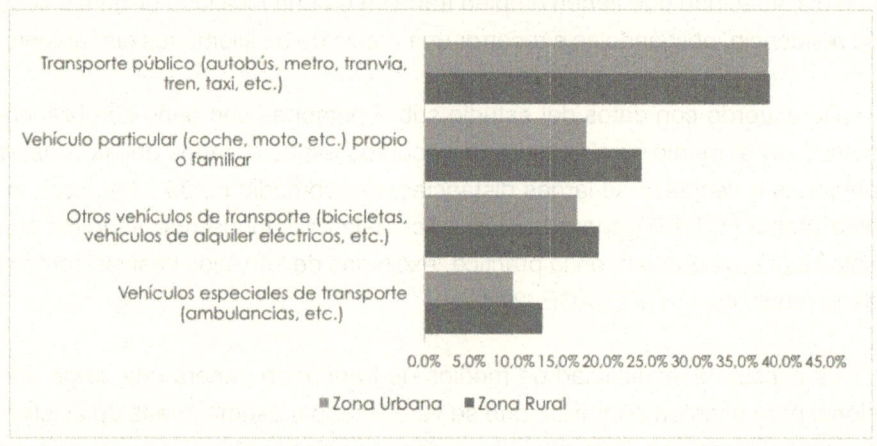

Fuente: INE. Encuesta de Discapacidad, Autonomía personal y situaciones de Dependencia 2020.

Como dificultad principal se señala la de subir o bajar del vehículo o acceder al asiento (35,2 %), seguida por problemas para el acceso a estaciones, andenes, paradas, etc., (26,6 %) y por la dificultad de orientarse en estaciones, comprender señalizaciones, planos, itinerarios, identificar la parada en la que bajarse (23,0 %). Las personas con discapacidad que residen en zonas urbanos presentan relativamente menos dificultades en estos ítems, según se observa en el siguiente gráfico.

Gráfico 11. Tipo de problema que dificulta el uso de transporte a las personas con discapacidad (porcentajes) según zona de residencia. España 2020.

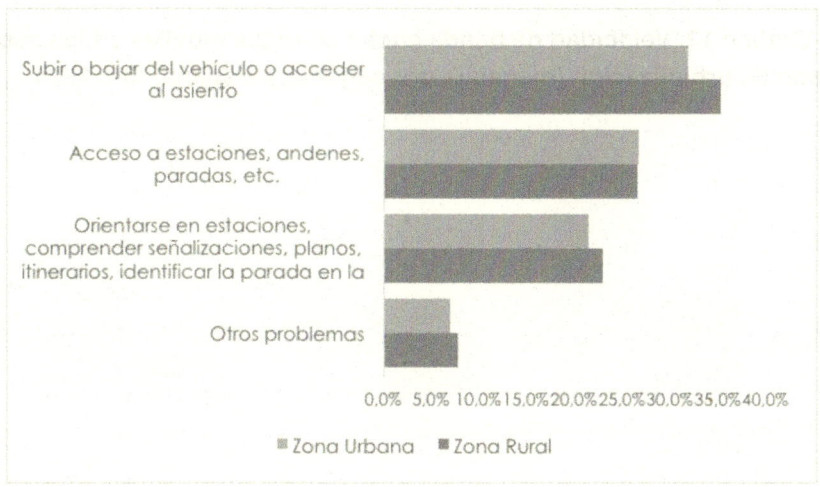

Fuente: INE. Encuesta de Discapacidad, Autonomía personal y situaciones de Dependencia 2020.

Al igual que en otros ámbitos, las mujeres con discapacidad afrontan mayores dificultades en el uso del transporte en comparación con los hombres con discapacidad, con un 52,4 % frente al 37,1 %. Además, la edad es un factor determinante, ya que la dificultad para desplazarse en el transporte aumenta progresivamente a medida que avanza la edad.

4.3.6. Brecha digital

De acuerdo con datos de la Comisión Europea, se observan diferencias importantes en la velocidad de la red entre las zonas urbanas y rurales, a pesar de la mejora de las infraestructuras de banda ancha durante las últimas décadas. En el caso de España, en 2024, la velocidad de la banda ancha en la red móvil en las zonas rurales es de 56,04 megabits por segundo (Mbps) mientras que en las zonas urbanas se sitúa en 134,61 Mbps[5].

Gráfico 12. Velocidad de banda ancha en redes móviles y fijas según grado de urbanización (megabits por segundo). España. Año 2024.

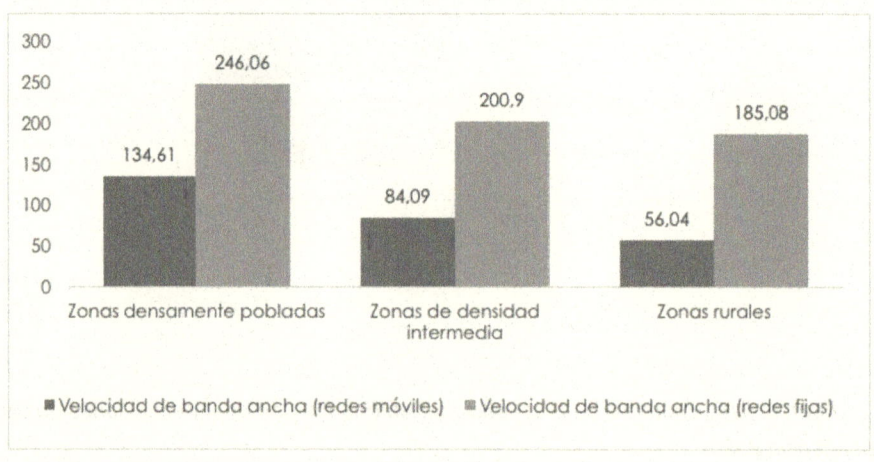

Fuente: Observatorio Rural. Comisión Europea.

Además de contar con una infraestructura adecuada, las personas con discapacidad necesitan que los dispositivos y las aplicaciones sean accesibles. Según la encuesta EDAD 2020, el 39,4 % de las personas con discapacidad tiene dificultades para utilizar las tecnologías de la información y comunicación (TIC) debido a su condición. Al considerar el hábitat, se observa que las personas con discapacidad residentes en el medio rural tienen una mayor dificultad en el uso de las TIC que aquellas que residen en zonas urbanas.

_____

[5] La velocidad de banda ancha se clasifica en tres categorías diferentes según la calidad de la conexión: por debajo de 30 Mbps (mínimo requerido), entre 30 y 100 Mbps (velocidad óptima para el usuario medio), y superior a 100 Mbps (alta velocidad).

Gráfico 13. Dificultades para poder utilizar con normalidad las tecnologías de la información y las comunicaciones a causa de su discapacidad (porcentajes), según zona de residencia. España 2020.

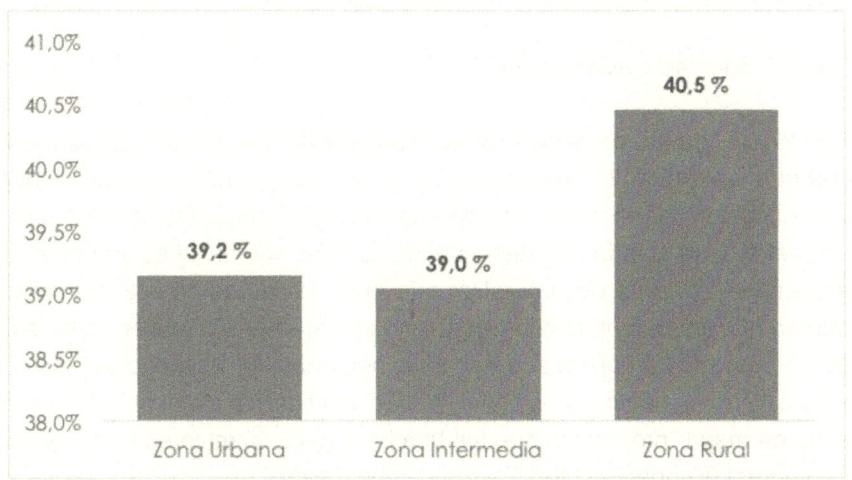

Fuente: INE. Encuesta de Discapacidad, Autonomía personal y situaciones de Dependencia 2020.

La dificultad para utilizar las TIC varía en relación con la edad y sexo:

La dificultad en el manejo es significativamente mayor para las personas con discapacidad de 80 y más años que para las personas con discapacidad de 45-64 años.

El 43,7 % de las mujeres con discapacidad en el medio rural tiene dificultades para el uso de las TIC. Este porcentaje se sitúa en el 36,4 % en los varones con discapacidad.

La brecha digital que enfrentan las personas con discapacidad supone un obstáculo para su participación en ámbitos fundamentales como el empleo, la educación y el ocio, e incluso la salud, todos ellos cada vez más mediados por la tecnología. Estas dificultades pueden variar desde la necesidad de realizar un esfuerzo adicional hasta la imposibilidad de realizar ciertas actividades, con lo que esto supone en cuanto a discriminación.

4.3.7. Soledad y aislamiento

El 27,4 % de las personas con discapacidad que residen en el medio rural vive sola (260 336 personas). De este grupo, el 62 % es mujer y el 47 % se encuentra en el grupo de edad de 80 y más años. De acuerdo con el Barómetro de la soledad no deseada en España, vivir solo/ sola aumenta el riesgo de soledad no deseada. Por otro lado, los datos de este Barómetro apuntan que las personas con discapacidad sufren una prevalencia de soledad no deseada 30 puntos superior a las personas sin discapacidad (50,6 % frente a 19,1 %). Las mujeres con discapacidad afirman sentir soledad no deseada en mayor proporción que los hombres (54,3 % mujeres frente al 45,7 % hombres) (Fundación ONCE y Fundación AXA2024).

Otaola (2021), destaca que **las mujeres con discapacidad en el medio rural enfrentan un mayor riesgo de soledad** y de dificultades para entablar vínculos sociales. Distingue la situación diferente entre las mujeres con discapacidad congénita y las que tienen una discapacidad sobrevenida. Las mujeres con discapacidades congénitas suelen ser vistas como "el bicho raro" en su entorno, especialmente en la etapa escolar, lo que limita sus oportunidades de amistad mientras que las mujeres con discapacidades sobrevenida han tenido más oportunidades de establecer amistades antes de adquirir la discapacidad, aunque estas relaciones pueden deteriorarse debido a las barreras de accesibilidad y la falta de comprensión sobre su condición. Según Otaola (2021), las dinámicas sociales del medio rural, el desconocimiento sobre la discapacidad y la precariedad económica representan obstáculos significativos para la integración social de las mujeres con discapacidad en este entorno, afectando también la posibilidad de establecer y mantener relaciones de amistad o afectivas.

4.3.8. Apoyos por discapacidad

La implantación de sistemas de apoyo para personas con discapacidad en el medio rural es **desigual**, con regiones donde **la disponibilidad de recursos es insuficiente** y la demanda de servicios de transporte es frecuente. El enfoque basado en la eficiencia económica en la planificación de estos servicios limita el acceso a prestaciones en zonas rurales, excluyendo a muchas personas con discapacidad de los servicios especializados, que se concentran principalmente en áreas urbanas (Quezada y Huete, 2017). Sirva de ejemplo, un estudio reciente sobre los servicios vinculados a la dependencia en el ámbito rural en Castilla y León que concluye que uno de los desafíos de estos servicios parte de haber sido diseñados desde un modelo para las ciudades que no ha tenido en cuenta las particularidades del medio rural (Fresno Consulting, 2022).

El **Sistema para la Autonomía y Atención a la Dependencia** (SAAD) es una herramienta clave para garantizar el bienestar de las personas con discapacidad o dependencia. Sin embargo, en el medio rural su despliegue presenta dificultades importantes debido la dispersión geográfica y la baja densidad poblacional. Las zonas rurales carecen de suficientes plazas en centros residenciales y de día, mientras que el sector privado muestra escaso interés en generar recursos concertados. Como resultado, **la atención y el apoyo recaen principalmente en redes informales**, como familiares, amigos y vecinos, lo que aumenta la carga de cuidados sobre las **mujeres**, quienes asumen mayoritariamente esta responsabilidad. Además, la falta de transporte público adaptado y la escasez de formación profesional en el ámbito rural restringen las oportunidades de acceso a una atención adecuada (Huete *et al.*, 2020).

Conviene destacar iniciativas como la de «*A gusto en casa*» de Castilla y León o el proyecto piloto *Rural Care* impulsado por la Junta de Castilla en consorcio con otras entidades y financiado por Programa de Empleo e Innovación

Social de la Unión Europea con el propósito de ofrecer una alternativa innovadora a los cuidados de larga duración en zonas rurales, permitiendo que las personas mayores, con discapacidad o enfermedades crónicas puedan permanecer en sus domicilios y comunidades, desarrollando su proyecto de vida con los apoyos necesarios.

4.3.9. Movimiento asociativo y redes de apoyo

Las organizaciones del sector social que prestan apoyo y representan a las personas con discapacidad y sus familias cumplen una función primordial en la defensa de los derechos. Además de las múltiples iniciativas concretas que se despliegan en los territorios rurales por distintas organizaciones de la discapacidad, corresponde reconocer su papel reivindicativo y propositivo, así como sus aportaciones en distintas vertientes, tales como:

La **Declaración de Cuenca del CERMI adoptada el 8 de noviembre de 2018** que reivindica una **Estrategia Nacional de Desarrollo Rural Inclusivo**, con enfoque de género, que mejore la participación, el acceso a derechos y favorezca el arraigo y la continuidad de la población con discapacidad en entornos rurales en España.

Guía sobre Eco inclusión. En la reivindicación del protagonismo de las personas con discapacidad y sus familias en el impulso de un desarrollo inclusivo y sostenible, El CERMI propone medidas concretas para garantizar sus derechos, mejorar su calidad de vida y fomentar su inclusión en todos los ámbitos, desde la educación y el empleo hasta la gobernanza climática y la justicia social (CERMI, 2021).

En abril de 2025 y en colaboración con el Real Patronato sobre Discapacidad, el CERMI lanza el **Proyecto Objetivo Inclusión Rural**, que busca generar conciencia sobre la inclusión y los derechos de las personas con discapacidad en el medio rural. Este proyecto incluye la creación de contenido digital y reportajes centrados en entrevistas a personas con discapacidad que viven en entornos rurales.

Tiene un papel destacado la **Fundación CERMI Mujeres** con sus distintas iniciativas de toma de conciencia e incidencia política que visibilizan la exclusión social y la falta de recursos que afectan de manera especial a las mujeres que viven en zonas rurales.

Por otra parte, la colaboración de las entidades de la discapacidad con los Grupos de Acción Local (GAL) es clave para promover la inclusión de las personas con discapacidad en el medio rural. Gracias a esta alianza, se desarrollan iniciativas que mejoran el acceso a empleo, servicios y recursos adaptados a las necesidades de las personas con discapacidad. Los GAL, con su capacidad para movilizar fondos y diseñar estrategias de desarrollo, pueden encontrar en las entidades locales de la discapacidad a un aliado fundamental para garantizar que las políticas rurales sean realmente inclusivas. Este trabajo conjunto no solo abre oportunidades laborales y fomenta la autonomía de las personas con discapacidad, sino que también contribuye a fortalecer el tejido social y económico de los pueblos, evitando la despoblación y favoreciendo un entorno accesible para todos.

5. CONCLUSIONES Y PROPUESTAS

Este informe pretende contribuir al análisis de la situación y necesidades de las personas con discapacidad que residen en el medio rural. Como punto de partida, se han situado los conceptos clave y las referencias de normativa y políticas públicas. Se ha llevado a cabo una revisión del conocimiento disponible sobre las personas con discapacidad en este ámbito, y un análisis estadístico de las fuentes oficiales disponibles. A partir de esta investigación cabe aportar una relación de conclusiones y propuestas.

5.1. Conclusiones

Entre los desafíos y las necesidades de las personas con discapacidad en el entorno rural que se desprenden de este trabajo, cabe destacar:

Perfil demográfico. De acuerdo con la EDAD, 2020 (INE, 2022, en España, 951 862 personas con discapacidad residen en zonas rurales, lo que representa el 22 % del total de personas con discapacidad en el país. Comparando con datos de la EDAD 2008, el porcentaje de personas con discapacidad en zonas rurales ha disminuido casi 3 puntos. La distribución por género y edad indica una población más envejecida que en el medio urbano, y con una mayoría de mujeres.

Distribución territorial. Andalucía, Castilla y León, Galicia, Castilla-La Mancha y Cataluña son las comunidades con más de 100 000 personas con discapacidad en el medio rural. Extremadura (57,8 %), Castilla y León (51 %), Navarra (47,9 %) y Castilla-La Mancha (47,7 %) presentan los mayores porcentajes de personas con discapacidad en zonas rurales respecto a su población total de discapacidad.

Mayor vulnerabilidad y barreras en el medio rural: Las personas con discapacidad en zonas rurales enfrentan mayores barreras en comparación con aquellas que residen en áreas urbanas, como la falta de servicios básicos, transporte adaptado, accesibilidad y oportunidades laborales.

Desigualdad en el acceso a servicios: La dispersión poblacional y la insuficiencia de infraestructuras dificultan el acceso a servicios esenciales como salud, educación, transporte y tecnología, lo que incrementa la exclusión social.

Mayor riesgo de pobreza y exclusión social: Las personas con discapacidad en el medio rural tienen un mayor riesgo de pobreza y exclusión social, especialmente las mujeres, quienes enfrentan una discriminación interseccional por género y discapacidad.

Baja participación laboral: La tasa de actividad y empleo de las personas con discapacidad en zonas rurales es significativamente inferior a la de las personas sin discapacidad, aún más que en las ciudades, lo que limita su inclusión económica.

Falta de transporte, carencias de accesibilidad: La escasez de transporte público accesible y la necesidad de desplazarse largas distancias para acceder a servicios esenciales, y oportunidades como el empleo, que se concentra en ciudades, generan barreras adicionales para las personas con discapacidad.

Brecha digital: Las personas con discapacidad en el medio rural afrontan mayores dificultades para acceder y utilizar tecnologías de la información y comunicación, lo que afecta su participación en ámbitos clave como educación y empleo.

Soledad y aislamiento: Un porcentaje significativo de personas con discapacidad en el medio rural vive sola, especialmente mujeres mayores, lo que incrementa el riesgo de aislamiento social y soledad no deseada.

Importancia del movimiento asociativo: Las organizaciones del sector social que prestan apoyo y representan a las personas con discapacidad y sus familias cumplen una función primordial en la defensa de los derechos. Además de las múltiples iniciativas concretas que se despliegan en los territorios rurales por distintas organizaciones de la discapacidad, corresponde reconocer su papel reivindicativo y propositivo.

Frente a estos desafíos corresponde reconocer la ventana de oportunidad que supone las políticas públicas recientes que han puesto en el foco la situación de las personas con discapacidad en el medio rural.

5.2. Propuestas

Se plantean las siguientes propuestas:

Como consideración de conjunto, en años recientes se han dispuesto diferentes estrategias, leyes y presupuestos orientados a la promoción de un desarrollo rural sostenible, reto demográfico, etc. Parte de ellas recogen, en distinta medida, la variable discapacidad. Asimismo, tanto el II Plan Nacional de Accesibilidad como otras estrategias en el ámbito de la discapacidad toman en cuenta la situación específica de las personas que viven en el medio rural. Corresponde **dar seguimiento y vigilar** por el cumplimiento efectivo de estos objetivos, introduciendo las correcciones que se requieran para su logro.

Impulsar y velar por el cumplimiento de la transversalidad de la variable discapacidad en las políticas de desarrollo rural. Resulta fundamental incorporar de manera explícita a las personas con discapacidad en las regulaciones y políticas destinadas al Desarrollo Rural, garantizando su reconocimiento dentro de un marco inclusivo y que garantice la igualdad de oportunidades.

Perspectiva de género. Los datos de estudios previos y del presente muestran la especial situación de vulnerabilidad de las mujeres con discapacidad. Es necesario diseñar y poner en práctica iniciativas que consideren la discriminación interseccional que afrontan las mujeres y niñas con discapacidad: corresponde **favorecer su empoderamiento, participación e inclusión comunitaria**.

Despliegue de itinerarios personalizados de formación y empleo ligados a los proyectos de vida de las personas con discapacidad. Favorecer la educación en línea y opciones de teletrabajo.

Desarrollo de servicios de Proximidad centrados en las personas, vinculado con los servicios de la Ley 39/2006 de Promoción de la Autonomía y Atención a la Dependencia, que contemple intervenciones de carácter ambulatorio en aquellas zonas complejas, con grandes limitaciones de infraestructuras.

Atención sanitaria itinerante. Servicios accesibles e inclusivos, incluyendo atención ginecológica y de salud sexual y reproductiva.

Impulsar iniciativas para combatir la soledad no deseada.

Mejora de los servicios de transporte y movilidad desde una óptica de **accesibilidad universal** en los entornos rurales. Garantizar la disposición de vehículos adaptados y tarifas reducidas para las personas con discapacidad.

Accesibilidad Universal. Rehabilitación de viviendas, eliminación de barreras físicas en los entornos rurales, tanto en espacios públicos como privados y espacios naturales.

Dotar apoyos especializados para la educación básica y los programas formales de formación profesional para potenciar la empleabilidad. Favorecer la educación en línea accesible e inclusiva.

Reducir la brecha digital en el acceso a internet y TIC. Además de una infraestructura adecuada y la accesibilidad universal en este campo. Es necesario favorecer la formación en competencias digitales.

Tecnología para los apoyos. Experimentar fórmulas novedosas en cuanto a la aplicación de las TIC para las personas con discapacidad y personas dependientes. Aplicación de la domótica en viviendas que fomenten la autonomía personal. Teleasistencia avanzada.

Creación de itinerarios personalizados formativos y de empleo en sectores emergentes, acorde a los yacimientos de empleo, así como relacionadas con el autoempleo, mediante alianzas entre la administración pública, empresarios y entidades de la economía social.

Favorecer el emprendimiento de las personas con discapacidad en entornos rurales. Crear líneas de crédito específicas y subsidios adaptados a las necesidades de emprendedores con discapacidad. Desarrollar programas de capacitación en habilidades empresariales, digitales y de gestión adaptados a diferentes tipos de discapacidad.

Apoyar a las organizaciones de la sociedad civil de la discapacidad que ya están presentes en el entorno rural.

6. BIBLIOGRAFÍA

Canals, L., *et al.* (2023). *Pobreza rural y urbana. 1.º Informe 2023. Estado de la pobreza en España. Seguimiento de los indicadores de la Agenda de la UE 2030 (2015-2022)*. Madrid: Red Europea de Lucha contra la Pobreza y la Exclusión Social.
https://www.cedid.es/es/buscar/Record/590203

Comité Español de Representantes de Personas con Discapacidad. (2021). *Guía sobre Eco Inclusión. Las personas con discapacidad como actores de una transición inclusiva, accesible y justa*. Madrid: Comité Español de Representantes de Personas con Discapacidad.

CERMI Estatal y Fundación CERMI Mujeres. (2018). *Manifiesto del CERMI Estatal y la Fundación CERMI Mujeres con motivo del 3 de diciembre de 2018, Día Internacional y Europeo de las Personas con Discapacidad.* Recuperado de la Declaración de Cuenca adoptada el 8 de noviembre de 2018 en la sede de la Diputación Provincial de Cuenca.

CERMI (2012): *Economía verde, discapacidad y empleo. Oportunidades de generación de empleo a través de la iniciativa social*. Ed. Real Patronato sobre Discapacidad. Disponible en:
http://hdl.handle.net/11181/3986

Charroalde, J., Fernández, D. (2006): *La discapacidad en el Medio rural*. Serie: cermi.es n.º 26, Madrid, CERMI.

Coca, J. R., Fernández-Portela, J., Gómez-Redondo, S., & Paramá-Díaz, A. (2023). Sociodemographic Analysis of Disability in a Highly Depopulated Rural Region: The Case of Soria, Spain. *Urban Science*, 7(4), 112. https://doi.org/10.3390/urbansci7040112

COCEMFE (2024). *Estudio sobre el acceso a los recursos y servicios en el medio rural como clave para la autonomía personal y a la vida independiente de las personas con discapacidad física y orgánica.* COCEMFE – Ministerio de Derechos Sociales y Agenda 2030: https://www.cocemfe.es/wp-content/uploads/2024/10/estudio-acceso-recursos-servicios-medio-rural.pdf

Comisión Europea, FAO, ONU-Hábitat, OIT, OCDE, & Banco Mundial. (2021). *Aplicación del grado de urbanización: Manual metodológico para definir ciudades, localidades (o pueblos) y zonas rurales para comparaciones internacionales.* Oficina de Publicaciones de la Unión Europea. https://ec.europa.eu/eurostat

Cortés Samper, C. (sf). Estrategias de desarrollo rural en la UE: definición de espacio rural, ruralidad y desarrollo rural. Disponible en: https://rua.ua.es/dspace/bitstream/10045/26548/2/Dosier_teorico.pdf

Federación Española de Daño Cerebral. (2023). *Estudio sobre las personas con daño cerebral adquirido en el medio rural.* Madrid: Federación Española de Daño Cerebral: https://www.cedid.es/es/buscar/Record/583714

Fundación ONCE y Fundación AXA. (2024). *Informe Barómetro de la soledad no deseada en España 2024.* Madrid: Fundación ONCE y Fundación AXA. https://katalogoa.siis.net/Record/594509

Fundación ONCE–Inserta (2015); «Detección de necesidades para personas con discapacidad en zonas rurales: Barreras y facilitadores existentes para su satisfacción».

Goerlich, F. J. Y Cantarino, I. (2015): «Estimaciones de la población rural y urbana a nivel municipal» en Estadística Española. Volumen 57, número 186 / 2015, pp. 5-28.

Gonnella, M. Preguntas sobre nueva ruralidad. e-Universitas UNR Journal [Online], Volumen 2. Número 16. [junio 2016].

Huete, A., *et al*. (2020). *Identificación y análisis de retos para la reforma del SAAD*. Madrid: Fundación Caser.
https://katalogoa.siis.net/Record/562456

Jenaro Río, C. Flores Robaina, N. (2006) *Necesidades en el Medio rural de las personas con gran discapacidad física y sus familias*. Madrid PREDIF.

Ley 45/2007, de 13 de diciembre, para el desarrollo sostenible del Medio rural.

Ministerio de Agricultura, Pesca y Alimentación (2021). «Análisis y Prospectiva» – serie Agrinfo n.º 31. Demografía de la población rural en 2020» Ministerio de Agricultura, Pesca y Alimentación. https://www.mapa.gob.es/en/ministerio/servicios/analisis-y-prospectiva/ayp_demografiaenlapoblacionrural2020_tcm38-583987.pdf

Observatorio Estatal de la Discapacidad. (2018). *Las mujeres y niñas con discapacidad en el ámbito rural en España*. Madrid: Observatorio Estatal de la Discapacidad.

Otaola, M. P. (2021). *La exclusión social de las mujeres con discapacidad en el medio rural. Estudio sobre la realidad social de las mujeres con discapacidad en el medio rural de la provincia de Segovia*. Segovia: Diputación de Segovia.

Palacios, A (2008): El modelo social de discapacidad: orígenes, caracterización y plasmación en la Convención Internacional sobre los Derechos de las Personas con Discapacidad. Madrid: CERMI.

Pinilla, V. (2023). El reto demográfico: políticas frente a la despoblación rural en España. Papeles de Economía Española, (176), 1-176. https://www.funcas.es/wp-content/uploads/2023/06/PEE-176_Pinilla.pdf

Quezada, M., Huete, A. (2017). *Las personas con discapacidad residentes en el medio rural: Situación y propuestas de acción*. Madrid: Observatorio Estatal de la Discapacidad.

Red2Red Consultores (2009): *Estudio sobre discapacidad en el Medio rural: hacia el empleo verde*. Fundación ONCE.

Reig, E., F. J. Goerlich and I. Cantarino (2016): *Delimitación de áreas rurales y urbanas a nivel local: Demografía, coberturas del suelo y accesibilidad.* Bilbao: Fundación BBVA.

Villarino P. (2011): Por un Medio rural socialmente sostenible que apoye a las personas con discapacidad. *Desarrollo Rural y Sostenible*, 2011, 10:24-25. Disponible en:
http://www.mapama.gob.es/ministerio/pags/Biblioteca/Revistas/pdf_DRS%2FDRS_2011_10_24-25.pdf